FAMÍLIA VIAGEM GASTRONOMIA MÚSICA CRIATIVIDADE

A MAMÃE é PUNK

Ana Cardoso

Crônicas da adolescência

Belas Letras

© 2018 Ana Cardoso

Uma mensagem assustadora dos nossos advogados para você:
Nenhuma parte desta publicação pode ser reproduzida, armazenada ou transmitida, sem a permissão do editor.
Se você fez alguma dessas coisas terríveis e pensou "tudo bem, não vai acontecer nada", nossos advogados entrarão em contato para informá-lo sobre o próximo passo. Temos certeza de que você não vai querer saber qual é.

Este livro é o resultado de um trabalho feito com muito amor, diversão e gente finice pelas seguintes pessoas:
Gustavo Guertler (edição), Fernanda Fedrizzi (coordenação editorial), Cris Lisbôa (preparação de texto), Germano Weirich (revisão) e Celso Orlandin Jr. (capa e projeto gráfico)
Obrigado, amigos.

2018
Todos os direitos desta edição reservados à
Editora Belas Letras Ltda.
Rua Coronel Camisão, 167
CEP 95020-420 – Caxias do Sul – RS
www.belasletras.com.br

Dados Internacionais de Catalogação na Fonte (CIP)
Biblioteca Pública Municipal Dr. Demetrio Niederauer
Caxias do Sul, RS

C268m	Cardoso, Ana
	A mamãe é punk: crônicas da adolescência / Ana Cardoso. _Caxias do Sul: Belas Letras, 2018.
	112 p.
	ISBN: 978-85-8174-418-6
	1. Literatura brasileira - Crônicas. 2. Maternidade. 3. Criação de filhos. I. Título.
17/91	CDU: 821.134.3(81)-92

Catalogação elaborada por
Maria Nair Sodré Monteiro da Cruz CRB-10/904

"Trate as pessoas como se elas fossem o que deveriam ser e você as ajudará a ser o que elas são capazes de ser."

GOETHE

"VOCÊS TÊM QUE IR À ESCOLA. VOCÊS TÊM QUE FAZER UMA FACULDADE E SE FORMAR. A SUA EDUCAÇÃO É A ÚNICA COISA QUE NINGUÉM NUNCA PODERÁ TIRAR DE VOCÊS."

MICHELLE OBAMA, PARA SUAS FILHAS MALIA E NATASHA.

PREFÁCIO

ESTE LIVRO DA ANA É UM ALENTO.

Há alguns anos, quando começou a adolescência da minha filha, eu senti esse enorme vácuo de mulheres falando sobre o assunto. As únicas coisas sobre maternidade que existiam eram sobre mães de bebês, mães de crianças pequenas. Nada sobre adolescência, conflitos, essa busca deles pela liberdade, e, sobretudo, nada sobre como ficamos perdidas neste momento. Perdidonas. Eu estou até agora. Não quero e nem sei ser a mãe impositora, não quero ser a mãe otária tratada como amiga e desrespeitada.

Estou ensinando minha filha a questionar autoridades e, bem, a autoridade da casa sou eu. Há um meio-termo? De onde vem tanta rebeldia? Como impor limites? E aquele quarto, como faz para ela manter arrumado? Como se negocia? Se negocia? Se manda? Se conversa? E quando a conversa não adianta e ninguém se escuta?

É desesperador. E este livro acalenta esse desespero, trazendo algumas sugestões e soluções simples que jamais te passaram pela cabeça, tanto para mães de meninas quanto para de meninos, trazendo reflexões sobre a construção dos papéis de gênero e os laços criados entre os respectivos grupos, como sororidade e fraternidade.

A Mamãe é Punk

Você, mãe de adolescente, vai se sentir acolhida pela voz da Ana e pelas informações que o livro traz, mesclando histórias pessoais, informações científicas, estudos, pesquisas e um visual que torna tudo ainda mais parecido com um abraço, que é o que toda mãe de adolescente precisa: abraço, conversa e troca. Assim como os próprios adolescentes. Além de limite, né? Mas quem disse que a gente também não precisa aprender esse limite?

Obrigada, Ana. Te abraço de volta.

Clara Averbuck
Escritora

INTRODUÇÃO	14
COMO CHAMA ISSO QUE VOCÊ ESTÁ SENTINDO?	16
O CÉREBRO DO ADOLESCENTE E A TAREFA DE CASA	21
O PESO DA MOCHILA	24
AS GAROTAS POPULARES	28
MIGAS, TÔ MAL	33
MULTITAREFA E BALELA	35
SOTERRADA NA BAGUNÇA	37
FALAR SOBRE DROGAS NÃO PRECISA SER UMA DROGA	40
SEXO, A CONVERSA INEVITÁVEL	45
NINGUÉM ACREDITA NA CASSANDRA	50
CONFIAR É PRECISO	54
OS FILHOS ADOLESCENTES... SÓ QUEREM UM ABRAÇO	56
O SANGUE AZUL DOS COMERCIAIS	58
CABELO, CABELUDO, DESCABELADO	61
O SONO	64
UMBIGOS SOLITÁRIOS	66
AMIGA, SIM. BFF, NÃO TÃO CEDO	68
CABELOS AO VENTO	71
ESTÁ TUDO BEM	73
CRÍTICAS ADOLESCENTES	75
COMO SER MELHOR QUE UM ROBÔ?	77
DESCONVERSANDO SOBRE VIRGINDADE E OUTROS ASSUNTOS	81
O VÁCUO - USE A SEU FAVOR	84
A AUTOESTIMA DAS MENINAS	86
SÓ PARA MÃES DE MENINOS	90
HOMENZINHOS	93
OS CRUSHES DAS MÃES QUE ESTÃO SOLTEIRAS	94
COMER COMER É O MELHOR PARA (A BARRIGA) CRESCER	96
ESPELHO, ESPELHO MEU, MEU FILHO PODE SER MELHOR DO QUE EU?	98
ISSO VAI LONGE	103
EU QUERIA TER OUVIDO DA MINHA MÃE	104
POESIA (POSFÁCIO) - ÚLTIMA LIÇÃO	108
TABELA DE ATIVIDADES DO ADOLESCENTE	110

INTRODUÇÃO

O QUE ACONTECE QUANDO SAÍMOS DA ZONA DE CONFORTO DA MATERNIDADE, AQUELA FASE SEMITRANQUILA EM QUE AS CRIANÇAS FAZEM O QUE NÓS ORIENTAMOS E CORREM PARA OS NOSSOS BRAÇOS SEMPRE QUE ESTÃO COM ALGUM PROBLEMA? TRETA. A ADOLESCÊNCIA É PARA OS FORTES. PARA MÃES E PAIS COM NERVOS DE AÇO.

Ninguém quer conversar. O quarto parece ter sido devastado por um tsunami. Chora na hora de fazer uma tarefa da casa? Não sabe estudar sozinho? Quer ficar mais e mais no celular? Calma. Tá todo mundo na mesma. A culpa não é sua. Pelo menos não 100%.

E eu, que aliás jamais imaginei escrever outro livro sobre maternidade, afinal, não é a única coisa que dá sentido na minha existência, me vi colocando em palavras a vivência maluca que é ver criança crescer.

Cá estamos.

Não tenho a solução para os dramas da adolescência e muito menos tiro tudo de letra. Mas, como em meus livros anteriores, quero te lembrar que dá pra rir quando queremos chorar e que, se nos dedicarmos a educar nossa família para a justiça e o respeito, a colheita é melhor no final da estação.

Boa sorte pra gente.

:}

MÃE, VOCÊ É DA ÉPOCA EM QUE PLUTÃO AINDA ERA PLANETA.

ANITA (12 ANOS) SENDO MALA

COMO CHAMA ISSO QUE VOCÊ ESTÁ SENTINDO?

SE VOCÊ É MÃE, LEMBRA DA GRAVIDEZ, O ABSURDO QUE ERAM TODAS AQUELAS SENSAÇÕES ACONTECENDO AO MESMO TEMPO EM UM CORPO QUE É SEU, MAS NÃO É O CORPO QUE VOCÊ SEMPRE CONHECEU? A ADOLESCÊNCIA É IGUAL.

Por isso, quando os filhos têm essas alterações bruscas de humor, a gente tem que entender um pouco. Não dá pra contemporizar tudo. Gritos e atitudes violentas são inaceitáveis e sinalizam que algo lá dentro não vai bem. Seu filho consegue falar sobre o que sente? Sabe identificar as emoções? Diferenciar medo de raiva, de frustração, de decepção, de angústia? Ou põe tudo no mesmo saco e fecha a cara?

Nem gente adulta sabe. Especialmente quem aprende desde pequeno a não chorar quando está triste ou com dor, a não reclamar do parente chato ou a ter que abraçar e beijar estranhos porque os pais querem.

UM ADOLESCENTE AMPARADO PODE SENTIR-SE AMADO, INCLUÍDO, APAZIGUADO.

ANA OLMOS
(PSICOTERAPEUTA)

Se nossos adolescentes não entenderem nem souberem explicar o que estão sentindo, ficarão presos dentro de si mesmos. Essa prisão pode ser extremamente perigosa.

Os psicólogos fazem coro para dizer que os jovens de hoje não sabem lidar com frustrações. Nós, mães e alguns pais, queremos proteger tanto, entender tanto, desde a infância, que acabamos aliviando dores de suas vidas, "pavimentando todas as suas estradas".

Adivinha o que acontece quando nós não estamos lá pra pedir uma segunda chamada, reclamar da professora, comprar outro celular? Eles simplesmente não sabem lidar.

É crescente (e preocupante) o número de jovens que têm se machucado ou cortado para aliviar tensões internas. Quando a insatisfação e a tristeza não saem em forma de palavras ou arte, elas podem sair de uma maneira bem pior. Crianças que se machucam para chamar a atenção dos pais podem evoluir para adolescentes deprimidos e suicidas, nosso pior pesadelo.

O número de suicídios entre jovens aumenta a cada ano. Existe, na mídia, um pacto ético de não divulgar dados nem circunstâncias, uma vez que foi cientificamente provado que um caso pode encorajar outros (o efeito Werther). O efeito Werther é assim chamado por causa do romance *Os Sofrimentos do Jovem Werther*, de Goethe, escrito em 1774. Na época em que o livro foi lançado, notou-se um aumento de suicídios na Alemanha. O livro e o personagem parecem ter influenciado o público. Da mesma forma, em 2017, houve uma associação entre a série *13 Reasons Why*, do Netflix, e o jogo macabro Baleia Azul. Vocês lembram disso?

E AÍ, COMO FAZ?

Não sei a resposta, mas tentar ajudar nossos filhos a entender e falar sobre seus sentimentos é a ferramenta que temos. Se nós conseguirmos respirar com calma, explicitar o que pensamos e sentimos de forma clara, fica mais fácil orientar nossos filhos a fazer o mesmo.

Quando eu era pequena fazia diários. Hoje as crianças não têm esse hábito. Quando tiram o que está dentro, geralmente o fazem de forma "editada". Gravam vídeos e postam frases pensando na audiência, não em dar voz às suas angústias.

Se noto que a comunicação está ruim, chamo minha filha pra pintar, dar uma caminhada ou fazer yôga comigo. No caso do yôga, ela sempre se atrapalha e cai. E aí, a gente para e fica rindo. Eu complemento que yôga é um esporte muito perigoso, que pessoas morrem tentando praticar. A gente ri mais um pouco e eu marco um pontinho nessa batalha contra o mau humor da adolescência.

E você, já descobriu como lidar com os momentos de fúria, angústia ou ansiedade do seu filho? Só não pode achar que a culpa é sua e nem aceitar agressão. Os psiquiatras dizem que nos próximos vinte anos o quadro melhora.

VOCÊ FOI REBAIXADA DE CARGO,
NÃO É MAIS A CHEFE DO SEU FILHO.
MAS, SE TRABALHAR BEM, VIRA UMA
CONSELHEIRA BASTANTE OUVIDA.

Dra. Laura Markham

O CÉREBRO DO ADOLESCENTE E A TAREFA DE CASA

SABE AQUELE PAPO DE "SÃO OS HORMÔNIOS" PARA EXPLICAR CHILIQUE DE ABORRECENTE? NÃO É BEM ASSIM. MUITAS MÃES ACHAM QUE A REBELDIA, A PREGUIÇA DE ARRUMAR O QUARTO, A APARENTE INSENSIBILIDADE EM RELAÇÃO AOS OUTROS E A INSTABILIDADE DO HUMOR SE DEVEM AOS HORMÔNIOS, ESSAS SUBSTÂNCIAS MÁGICAS CAPAZES DE TRANSFORMAR SEU ANJINHO PREVISÍVEL NUM CAPIROTO INDOMÁVEL.

Os jovenzinhos se descontrolam, choram, passam a roer as unhas e gritam: eu não consigo entender isso (substitua pela Fórmula de Bháskara). É verdade que os hormônios (principalmente os sexuais e a adrenalina) atuam na amígdala do cérebro, não nas da garganta. E que a parte frontal – endereço do bom senso, da consciência e da razão – é o último pedaço do cérebro a "amadurecer". Ainda assim não dá pra botar tudo na conta dos hormônios.

A Mamãe é Punk

O cérebro humano nasce com apenas 40% do tamanho que terá na vida adulta. À medida que cresce, ele vai amadurecendo também. Um adolescente tem a massa cinzenta do tamanho da de um adulto, porém lhe falta ainda substância branca suficiente para que as conexões sejam feitas com "juízo e serenidade". Calcule o estrago.

Isso me ajudou a entender quando minha filha fala "eu não consigo", mesmo depois de eu ter mostrado o livro, explicado e feito aquela cara "viu que simples?". Ela chega a chorar. Não é teatro. Sabe do que eles precisam? De modelos, que a gente mostre.

Lembra do enunciado clássico das tarefas escolares nos anos 90, "siga o modelo"? Minha filha só sai da pane matemática quando eu leio calmamente um problema, desenho a pergunta e esboço a expressão. Aí, pronto! Já sabe fazer.

Resumindo, na falta do azeite que vai conectar cada pedacinho do cérebro, nós temos que dar uma caroninha de vez em quando. Um empurrão na linha de raciocínio.

Pais e mães que passam pouco tempo com os filhos podem recorrer a uma boa professora particular ou tutoria na escola para resolver isso. O importante é agir.

Perder o fio da meada na escola pode ser a brecha pra um caminho de desinteresse profundo. Não fazer a tarefa leva a notas ruins, que levam a não se importar com a escola e, a partir daí, a coisa pode realmente ir ladeira abaixo. Na pré-adolescência e na adolescência, ainda podemos motivar e ajudar nossos filhos com os estudos. Mãos à obra!

QUANTO MENOS ESTRESSANTE E CAÓTICA FOR A SUA VIDA, MENOS ESTRESSANTE E CAÓTICA SERÁ A DELES.

DRA. FRANCES E. JENSEN

O PESO DA MOCHILA

COMO ELES CONSEGUEM CARREGAR TANTA COISA? E PRA QUÊ?

DESDE O PRIMEIRO ANO, A ANITA CARREGA MEIO MUNDO NAS COSTAS. NESSA ÉPOCA, AINDA BEM CRIANÇA, ELA USAVA UMA MOCHILA DE RODINHA, DA POLLY, COM ESPAÇO PARA LEVAR AS PEQUENAS BONECAS JUNTO PARA A AULA. IA DE KOMBI ESCOLAR E, QUANDO CHEGAVA NA FRENTE DO COLÉGIO, FERRARI, O MOTORISTA, LHE AJUDAVA A SUBIR AS ESCADARIAS.

Era tanta boneca, caminha, escova, roupinha de borracha, cadernos, diários, livros, dicionários e estojos com lápis e canetinhas (no mínimo 3) que a mochila não raro pesava o mesmo que a menina. Sempre consegui eliminar alguns quilos tirando brinquedos, papéis amassados (muitos) e até algumas pedras de verdade, catadas no pátio em alguma brincadeira.

ITENS INDISPENSÁVEIS (SEGUNDO AS AMIGAS DA MINHA FILHA):

CANETAS DE VÁRIAS CORES PARA ENFEITAR O CADERNO

NÉCESSAIRES

CABOS, FONES E PENDRIVES

OS LIVROS (PREFEREM LEVAR TODOS PARA NÃO ESQUECER)

OS LIVROS QUE ESTÃO LENDO (NÃO LEEM NA ESCOLA, MAS LEVAM PRA PASSEAR)

TESOURA, COLA E ADESIVOS, COMO SE ESTIVESSEM NA PRÉ-ESCOLA.

AGENDA ESCOLAR QUE PESA 1,879 KG.

GARRAFINHAS DE ÁGUA. COM ÁGUA (OU SEJA, BOTA MAIS 0,5 KG NA CONTA).

APOSTO QUE NA SUA CASA TAMBÉM É ASSIM :)

Com o tempo, o número de livros aumentou. De cadernos, também. E o peso da mochila foi às alturas. Com dez anos, a Anita fazia uma manobra realmente perigosa para subir e descer do transporte. Porque a mochila cresceu mais que ela.

Hoje caminhamos até a escola, o que faz com que o peso tenha um impacto maior em suas costas. Às vezes fico com pena e trago. Como pesa. Pra mim, que sou grande e forte. Se eu trouxesse num ombro apenas, certamente ficaria com dor por vários dias.

De tempos em tempos eu dou uma geral e tiro bastante coisa. Grampeador, estojo com giz de cera (duvido que adolescentes usem giz de cera na escola todo dia), fitas durex decorativas, réguas variadas, potes vazios de plástico e lixo mesmo. Mas não é minha função fazer isso o tempo todo. Na última sexta-feira, desconfiei que a mochila estava pesada demais. Para não cair na mesma conversa improdutiva de sempre, tive uma ideia.

"Anita, você não quer comprar uma caixa de lenços para levar à escola, já que está resfriada?". "Quero, quero muito". Na farmácia, enquanto eu pagava, sugeri a ela que pesasse a mochila. A guria só arregalou os olhos e não disse mais nada. Será que vai melhorar?

Se a escola do seu filho aluga armários para que eles não precisem carregar tudo, não se iluda... Quando a Anita tinha armário, a mochila pesava ainda mais. Eu não entendia o porquê. Cada vez que perguntava: mas pra que isso? Ela respondia: pra deixar no meu armário. Não sei como o dito cujo não explodiu. No final do ano, quando fomos esvaziar, fui obrigada a chamar um caminhão de mudança.

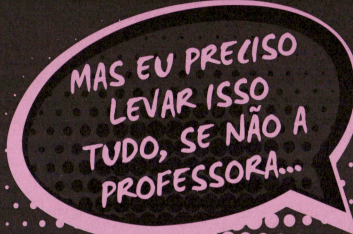

AS GAROTAS POPULARES

SABE O FILME "GAROTAS MALVADAS" *(MEAN GIRLS)*, AQUELE NO QUAL A LINDSAY LOHAN CHEGA NUMA ESCOLA NOVA E ENTRA EM UMA GANGUE DE SUPERPODEROSAS? É MAIS OU MENOS AQUILO QUE ACONTECE NAS ESCOLAS. ESPECIALMENTE NAS GRANDES. ENTRE OS MENINOS, HÁ UM MOVIMENTO SEMELHANTE. HÁ OS MAIS PODEROSOS, QUE NEM SEMPRE SÃO LEGAIS COM TODO MUNDO DA SALA, MAS NEM SE COMPARA AO QUE ACONTECE NO MEIO FEMININO.

Funciona assim: um grupinho de 4 ou 5 meninas decide quem manda na sala, dita o que é legal, o que é cafona e quem está dentro ou fora do clubinho. Nem sempre são as mais inteligentes, mais bonitas, ricas ou "pegadoras", mas são as influenciadoras do mundo analógico. Elas são "as boas".

Logo depois da popularidade no recreio e corredores, vem a da internet. Elas também querem seguidores e curtidas. No entanto, bombar na internet não é suficiente para ser popular na escola.

Ignoram ou convivem com as outras pessoas de acordo com o seu interesse. Como a empatia e a consideração pelos colegas não é muito forte nessa época, agem friamente. O que importa na adoles-

COMO CRIAR ANTICORPOS EMOCIONAIS?

SEGUNDO VIVIEN BOCK
(PSICÓLOGA E MESTRE FORMADA PELA PUC-RS, DIRETORA DE UM CENTRO DE PSICOLOGIA ESCOLAR EM PORTO ALEGRE - RS)

Não deixe seu filho interromper uma conversa. Ele precisa esperar a sua vez de falar;

Faça-o merecer e esperar pelas recompensas. Nada de presentes fora de datas ou quando não está havendo cooperação;

Delegar pequenas tarefas — como arrumar o quarto, tirar a mesa, ajudar os irmãos — e cobrar que sejam realizadas;

Se seu filho deseja algo, ensine-o a curtir a espera até que seu desejo se realize. Antecipar presentes não é bom.

Não carregue a mochila de seu filho. Não junte os brinquedos nem arrume sozinha armários caóticos.

cência é ser bem avaliada pelos seus pares. Some isso à tendência de se deixar influenciar pelos maus exemplos e terá os ingredientes dessa mistura arrogante. Podem torturar com crueldade meninas que sonham ser populares e não conseguem.

Riem da cara de todo mundo pelas costas (e pela frente também). Desfilam pelo pátio, dirigem a palavra só a alguns escolhidos, não convidam colegas para suas festas, agem como se nem enxergassem reles mortais (não divas como elas).

Vivien Bock, ex-psicóloga da minha filha, me disse que pior que ser vítima de bullying por parte das populares é deixar de ser uma delas subitamente. Segundo ela, essa geração não tem "anticorpos emocionais", não está acostumada a se frustrar com frequência. Assim, imagina uma garota popular, quando sofre uma decepção grande ou é excluída do grupo, isso é realmente desesperador. Ser popular é bom na hora, mas deixar de ser pode se tornar uma pequena tragédia.

Anticorpos emocionais são recursos internos que criamos para nos proteger ou minimizar o sofrimento que as frustrações diárias nos causam ou mesmo as dores de traumas maiores como perdas em geral. Crescer achando que é o centro do universo é uma roubada.

Eu e muitas outras mães de garotas não populares (pode nos chamar de *losers* se quiser) ficamos realmente preocupadas com um fato: por que as mães e os pais das populares não fazem a menor ideia sobre a vida (real) escolar e sexual de suas filhas? Será que muito do que fazem não é justamente um esforço inconsciente para chamar a atenção desses pais?

Em reuniões escolares, onde essas questões são discutidas, os pais que mais deveriam se relacionar com os problemas que seus filhos causam aos colegas são os primeiros a assoviar e olhar para o teto. Miram num pedaço de tinta descascando no teto e não voltam pra Terra até perceberem que o assunto mudou.

Outros, porém, escolhem o caminho mais moderno e custoso: aceitam o problema, reconhecem a sua parte, expõem vulnerabilidades (*estou arrasada que minha filha/meu filho esteja agindo assim*) e transformam o mundo. Provocam microrrevoluções, ensinando empatia e educando não só seus filhos, mas os demais adultos.

Adultos conscientes criam filhos conscientes. E servem de modelo para adolescentes, estejam eles numa fase rebelde, popular ou ex-popular.

Precisamos lembrar que os adolescentes estão mudando um bocado, e às vezes serão de um jeito, terão um tipo de identidade, sentindo muitas coisas e intensamente; às vezes serão de outro, não sentindo nada e nem interagindo muito.

Daniel J. Siegel

MIGAS, TÔ MAL

SORORIDADE É A AMIZADE E O RESPEITO ENTRE DUAS MULHERES, OU MENINAS. É ENTENDER QUE NÃO É PRECISO COMPETIR COM QUEM LHE AMA E QUE A VIDA NÃO É UMA GINCANA ONDE A MAIS BONITA E MAU-CARÁTER VENCE NO FINAL.

Estudos apontam que os momentos mais felizes da vida de uma mulher são os passados com as amigas. Não é o casamento, nem o dia em que um bebê nasce. Quanto a essas datas: costumam ser cansativas e assustadoras, respectivamente.

Lembro quando a Amy Winehouse morreu (em 2011). Meu primeiro pensamento foi: se ela fosse minha amiga, eu jamais teria deixado isso acontecer.

A amizade entre os meninos tem outro nome: fraternidade. Não se engane. Ainda que andem mais juntos e briguem menos, meninos têm mais dificuldade de se abrir com seus pares. Principalmente porque são ensinados a bloquear seus sentimentos.

Ontem minha filha estava chateada. Insisti tanto que ela me revelou o motivo: uma de suas melhores amigas estava compartilhando seus sentimentos no pequeno grupo delas. Seu estado de tristeza e depressão. Minha filha ligou para ela, conversaram longamente e combinaram de se encontrar em breve. Isso faz tanta diferença. Quem já passou por momentos difíceis conhece bem a situação.

Se você tem em casa um adolescente que está triste e consegue pedir ajuda, meus parabéns. Quem quer conversar representa um perigo a menos para si próprio do que quem sofre em silêncio. Se seu filho ou filha está muito quieto, atenção.

Como estão as notas? Ele está inserido num grupo onde a indiferença pelos estudos é valorizada? Será que está usando drogas? Você pode proteger o seu filho de tudo, mas abrir a caixa-preta pode ajudá-lo a tomar melhores decisões no futuro.

Uma boa forma de abrir espaço para as conversas é perguntar, mandar mensagens, convidar seu filho para caminhar ou viajar com você. Escutar, sem interferir ou julgar, também é importante. Uma criança ou adolescente assustado, com medo dos pais, pode desenvolver o que os neurocientistas chamam de vínculo de fuga. Nunca querem conversar nem estar perto. Nem de você nem de ninguém.

A adolescência é casca-grossa. Nem todos os amigos serão bons, nem todos os programas serão seguros. A forma com que o seu filho irá se relacionar com amigos, desafios e perigos será uma versão pirata da forma com que ele se relaciona com você. Por isso, capriche no vínculo e ensine seus melhores valores. Agora é a hora.

MULTITAREFA É BALELA

UMA PROFESSORA DE PORTO ALEGRE CONVIDOU SEUS ALUNOS PARA UM EXPERIMENTO. METADE DA TURMA FICOU COM O CELULAR, METADE SEM. ELA DEU UMA AULA E APLICOU UMA PROVA SIMPLES. OS RESULTADOS FORAM OBJETIVOS E INQUESTIONÁVEIS. O RENDIMENTO DOS ALUNOS QUE MANTIVERAM SEUS APARELHOS CELULARES FOI INFERIOR. SE HAVIA ALGUM ALUNO NAQUELA TURMA QUE QUESTIONAVA O USO DO APARELHO DURANTE AS AULAS, NÃO RESTOU NINGUÉM.

Nosso cérebro rende melhor quando fazemos uma atividade por vez. De preferência em um ambiente organizado e silencioso. Há muitas pesquisas que comprovam isso. O rendimento do que estamos fazendo sempre cai quando tentamos fazer várias coisas ao mesmo tempo. Ou duas, que seja.

Outro ponto importante nesse assunto é o "mito" de que as mulheres conseguem fazer mil coisas ao mesmo tempo e os homens não. Mentira, as mulheres não conseguem. Nós apenas somos sobrecarregadas de funções, principalmente no que diz respeito à casa. Dar banho nas crianças enquanto o feijão cozinha na panela de pressão: um dia vai dar merda. É mentira e é cômodo para os homens. Sem mais.

Por isso, quando sua filha ou filho disserem que o celular, a tevê, a bagunça ou o barulho não interferem, não caia nessa. E não deixe ele mesmo cair nesse papo, porque é uma furada.

Se achar necessário, pegue um cronômetro, algumas provas antigas e faça o teste. Aplique questões sem interrupções e depois com televisão, videogame, celular, irmãos menores no recinto e observe como ele se sai.

SOTERRADA NA BAGUNÇA

A RELAÇÃO DOS PRÉ E DOS ADOLESCENTES COM O SEU QUARTO É ALGO QUE MUITO ME INTRIGA. MUDAMOS DE CIDADE EM 2017 E A OPINIÃO DA MINHA FILHA MAIS VELHA TEVE UMA GRANDE IMPORTÂNCIA NA DECISÃO DO IMÓVEL QUE ALUGARÍAMOS. ELA SE APAIXONOU POR UM QUARTO ESPECÍFICO DE UM APARTAMENTO ESPECÍFICO. O PRÉDIO NÃO TEM NADA DE MAIS. NEM ELEVADOR, NEM PARQUINHO OU SALÃO DE FESTAS. PISCINA ENTÃO, NEM PENSAR.

Os armários do quarto que seria dela são brancos. E muitos. Como este apartamento era bem ensolarado e tinha o menor preço de aluguel, acabamos acatando o encantamento da Anita pelo imóvel. Quando a mudança chegou, ela levou menos de um dia para arrumar seu quarto, digno de postagens no Pinterest nos mais diversos ângulos. Para fins comparativos, levei um mês para ajeitar o resto da casa. Os livros estão enfiados aleatoriamente no armário da sala até hoje. E já estamos em novembro.

"*Venha conhecer meu quarto!*", convidava a anfitriã a todos que adentravam, esbaforidos, nossa porta, após subir os quatro andares pela escada. O quarto estava sempre impecável. Almofadas lindas, cama bem-arrumada, canetas organizadas em potes de metal, livros divididos por cor e temática, em nichos separados.

Em abril, ela se superou. Como íamos para Londres, a menina (já não tão menina assim) separou uma prateleira inteira para tudo que remete ao Reino Unido. Livros, ursinhos com capa de chuva (Paddington bears), bandeirinhas. Ela juntou um bocado de referências. Seu cantinho UK inspirava e a lembrava todos os dias que a viagem se aproximava.

Porém, algo digno de uma história de terror aconteceu em junho. O quarto foi se enchendo de tranqueiras, material escolar, almofadas e cremes feitos nos ateliês da escola, material de costura e bordado, tintas, provas, lenços de papel sujos. Está se tornando impraticável viver lá.

Para fazer a lição de casa, ela espalha todo o material no chão e ali permanece escrevendo, lendo, pintando. Por horas. Não sei se ela é mais artística e visual e por isso trabalha desse jeito. Suspeito que seja porque não há, em sua bancada, um centímetro livre. Ali têm residência permanente pijamas, folhas e mais folhas, tesouras, esquadros, fitas durex, fitas durex chiques que ela chama de washi tape, adesivos, embalagens vazias de objetos variados, papéis de carta, mochilas, bolsas e bolinhas, uma lixeira transbordando, restos de lanches e muitos cabos USB.

Já tentei arrumar (não é o meu forte). Recentemente estive em Porto Alegre, onde encontrei as duas grandes amigas da Anita e suas mães.

A situação delas não era melhor. Uma delas insiste em não abrir as cortinas do quarto para que ele não pegue sol. Diz gostar do "microclima" único do cômodo. Ela não é dark, mas gosta muito de maquiagens. Possivelmente não quer que o sol estrague seus produtos. De resto, segue o mesmo padrão da Anita: coisas, coisinhas e coisonas por todo lado.

Na casa da Nise, as mesmas queixas. Aparentemente elas gostam daquela bagunça, sentem-se confortáveis e protegidas. Como mães, precisamos estabelecer limites, porque se deixarmos fluir um dia vai ser difícil encontrar nossas filhas no meio daquele caos.

Quando eu era adolescente, não era tão diferente assim. Meu agravante eram pôsteres do Axl Rose nas paredes. Muitos deles. Nessas horas a gente olha pros nossos filhos e pensa como é bom eles terem interesses diferentes dos nossos. A Ana que sou hoje iria detestar uma filha que idolatrasse um cara que cantava *I used to love her, but I had to kill her**. Aí sim eu teria que agir e fazer uma intervenção drástica no quarto dela.

*Eu costumava amá-la, mas tive que matá-la.

FALAR SOBRE DROGAS NÃO PRECISA SER UMA DROGA

NÃO INTERESSA SE VOCÊ NUNCA PROVOU OU SE PASSOU A ADOLESCÊNCIA PLANTANDO MACONHA NA SACADA, TER ESSA CONVERSA COM SEU FILHO LHE JOGA AUTOMATICAMENTE PARA UM BINGO DE IGREJA NO MEIO DE UMA QUARTA-FEIRA CHUVOSA. VOCÊ SE SENTE NUM GRUPO DE SENHORAS DE 80 ANOS TENTANDO ATRAVESSAR UMA RUA SEM FAIXA DE PEDESTRE ABAIXO DE TEMPESTADE COM RAIOS.

Droga é bom. Você precisa jogar limpo com o seu filho se espera que ele faça o mesmo com você. Algumas drogas podem proporcionar sensações muito prazerosas. Se não fosse, ninguém usava. O problema é que faz mal. Muito mal. Algumas terrivelmente mais mal que outras.

Você já ouviu falar em bala, meth, MTDA, doce, papel, ecstasy? É disso que os jovens falam nas universidades. Converse com qualquer professor se não estiver convencida dessa realidade.

O que há de grave nisso? Tudo.

Além do risco real de morte por ingestão dessas substâncias, seu uso moderado prejudica o aprendizado, a memória e facilita quadros de depressão e estresse. Além de ser proibido por lei.

Drogas lícitas como o álcool podem ser tão nocivas quanto. E aí, o que a gente faz?

Como o cérebro é plástico, ele transforma-se todos os dias. Se bem alimentado, evolui. Se mal alimentado, estaciona ou regride. Não pense que seu filho não ouve o que você fala. Tudo entra por um ouvido e passa pelo cérebro antes de sair pelo outro (ouvido).

Querendo ou não, ele absorve o que você explica. Por isso, tente conversar, mostre pesquisas, comente sobre casos próximos de pessoas e suas consequências. Esteja preparado para aprender com seu filho também, isso é ainda mais importante. Não acuse, não afirme. Pergunte. Quanto mais jogar suas verdades, menos será ouvido.

Pesquise, mas não chegue cheio de verdades. Converse sobre cada droga, pergunte o que ele pensa. Investigue o que ele sabe sobre efeitos e consequências de cada substância. Se necessário, complemente.

Não o trate como criança para não fechar as portas da comunicação. Ele que decide o que vai fazer.

Na adolescência saímos da posição de piloto e assumimos a de copiloto. Nos tornamos meros consultores de nossos filhos. Na melhor das hipóteses.

É inegável que certas substâncias produzem efeitos prazerosos nas pessoas. Se não cairiam – naturalmente – em desuso. Por isso, considere esse aspecto quando for conversar. Se seu filho estiver com problemas, procure ajuda médica. A não ser que você seja um profissional de saúde especializado em drogadição. Ou, mesmo que seja, "santo de casa não costuma fazer milagre", lembra dessa?

> LIBERDADE ESTÁ EM FAZERMOS AQUILO QUE GOSTAMOS DESDE QUE ISSO NÃO INTERFIRA NA LIBERDADE DOS DEMAIS.
>
> A. S. NEILL

OS CIENTISTAS CONSTATARAM QUE OS ESTUDANTES TENDEM A TOMAR POR PADRÃO PARA SEU CONSUMO DE ÁLCOOL A QUANTIDADE QUE PERCEBEREM ESTAR SENDO CONSUMIDA POR SEUS PARES.

Dra. Frances E. Jensen
(O cérebro adolescente)

SEXO, A CONVERSA INEVITÁVEL

ELES VÃO FAZER SEXO. MESMO QUE VOCÊ NÃO QUEIRA, PROÍBA, VIGIE, CONTRATE UM DETETIVE E VASCULHE OS CELULARES.

A não ser que realmente não queiram.

Dado isso, existe uma série de coisas sobre as quais a gente realmente deveria conversar com nossos filhos adolescentes que se tornarão jovens e adultos. Se a gente não falar sobre isso, estaremos nos omitindo em um assunto que pode determinar o rumo de suas vidas. E das nossas por tabela. Eu não quero ser avó tão cedo. Você quer?

Você prefere que seu filho pergunte para você ou para um adulto que você não conhece? Cujas intenções você também não conhece? Não né, então vamos lá:

SEXO DE VERDADE X PORNOGRAFIA

O sexo em si. Os adolescentes precisam saber que sexo de verdade é diferente de pornografia. Os meninos têm que parar de achar que as meninas vão fazer tudo que eles quiserem, gemer de prazer e estar sempre a fim de tudo. E muito menos vão se submeter e ser subjugadas. Forçar a barra é abusar, é estuprar. E tudo isso são crimes. Quem estupra é um criminoso e deve ir preso.

O que há de tão errado com a pornografia? Segundo Peggy Orenstein, em seu livro *Girls and Sex*, de 2016 – ao realizar um estudo de comportamentos na pornografia popular –, em quase 90% das cenas analisadas havia agressões físicas a mulheres. Estas cenas foram escolhidas de maneira aleatória. Nelas, as mulheres quase sempre reagiam de forma neutra ou com prazer. Quando pediam ao parceiro que parasse, o faziam de forma ambígua e, a seguir, começavam a gostar, por mais dolorosa e degradante que a cena fosse.

Jovens que consomem pornografia têm mais probabilidade de achar que estupro só acontece em lugares escuros, com agressores desconhecidos, ou julgar que "a vítima estava pedindo" (você certamente conhece esse discurso).

Com relação às meninas, as que consomem pornografia são menos propensas a não fazer nada quando veem outra mulher sendo ameaçada ou atacada. Não reconhecem a violência da situação mesmo quando elas mesmas estão em perigo.

A pornografia "naturaliza" a violência sexual no cérebro do adolescente. O WhatsApp tem sido uma ferramenta maravilhosa de comunicação, mas também tem servido para difundir muita pornografia.

Me choco com a quantidade de motoristas de táxi ou uber que recebem pornografia durante a corrida. Às vezes me constranjo. Fico com medo. Em aviões também observo que assim que as aeronaves pousam e nós, seres humanos, ligamos o celular, homens à minha volta recebem putaria.

Qualquer pessoa exposta à pornografia o dia todo sofre alteração da libido. E, como pornografia não é sexo real, temos um problema aí.

NÃO É NÃO
(E UMA PALAVRINHA BEM ÚTIL)

As meninas – e isso é importantíssimo – têm que ter consciência de que elas não são obrigadas a nada. Elas só podem e devem fazer o que estiverem com vontade (ou tesão, que é um tipo acentuado de vontade). E que, a qualquer momento, podem mudar de ideia. Interromper o ato. Nunca mais querer. E por aí vai. Isso é o certo. Fazer o que quer. Fazer o que não quer é ser estuprada.

Ambos precisam entender um pouco sobre reciprocidade. Uma relação envolve duas pessoas. Assim, se uma delas não está a fim, não temos uma relação, certo? **Não romantizem a indiferença, o desrespeito, os ciúmes.** Isso é tudo, menos amor.

Por falar em reciprocidade, sexo oral, por exemplo, é algo muito comum no início da vida sexual. Praticar não engravida. Pode transmitir doenças venéreas, como herpes. Importante: ele é praticado com a boca e língua uma no genital do outro e nem sempre será uma menina fazendo num menino, certo?

CONSEQUÊNCIAS

Sexo sem camisinha pode resultar em doenças ou gravidez. Doenças são tratáveis ou administráveis, mas podem impactar toda a sua vida. Uma gravidez, de acordo com as leis brasileiras, precisa ser levada até o fim. Será que os envolvidos no ato estão preparados para isso? Meninos precisam saber disso, que a responsabilidade também é deles.

OS NUDES

A vida é um jogo. Nesse jogo nem todo mundo está do mesmo lado. E algumas pessoas podem querer o mal do teu filho, prejudicá-lo. Assim, numa sociedade que condena e pune (nas redes sociais, principalmente) as pessoas, para que alguém deve fornecer material que possa ser usado contra si próprio? Tirar nudes ou deixar-se filmar em uma situação que possa se arrepender depois não é sensato. E pode complicar muito a vida. Especialmente das meninas.

Espalhar pornografia e difamar pessoas (menores principalmente) também é crime. E quem deveria ser punido é quem espalha.

QUANTO ANTES VOCÊ CONVERSAR, MELHOR

Infelizmente nossos filhos são expostos à pornografia e assediadores bem cedo. Ontem a mãe de uma menina de 9 (sul do Brasil, colégio particular) me contou que um colega havia dito a sua filha que ela deveria fazer boquetes nos colegas. Infelizmente não é um caso isolado. Sabendo ou não do que estão falando, crianças e adolescentes falam de sexo, preste atenção. Esteja sempre pronta para conversar.

Quando eu tinha 11 anos uma colega da escola estava aflita em uma tarde que fui à casa dela brincar de Barbie. O motivo? Seu irmão de 14 havia lhe dado revistas pornográficas e queria que ela transasse com ele. Ela me contou assustada e passou a evitar o irmão. Felizmente o garoto morava no Rio, e ela em Curitiba. Isso criou uma celeuma familiar e um trauma em minha amiga. E, de uma certa forma, em mim também.

Finalmente, não podemos esquecer que, em 2015, a campanha #PrimeiroAssédio, no Twitter, registrou mais de 80 mil relatos de assédio na infância e adolescência e mostrou que esta violência costuma ocorrer entre 9 e 10 anos. A partir dessa campanha, tornou-se impossível para os veículos de mídia tradicionais tratar o assunto como algo isolado que aconteceu uma vez ou outra, com uma criança ou outra. A noção de que a pedofilia é uma doença e o assédio sexual de crianças e adolescentes é um problema social grave a ser tratado e não escondido embaixo do tapete felizmente está prevalecendo. Porque negar o problema não vai resolvê-lo.

NINGUÉM ACREDITA NA CASSANDRA

TODA MULHER JÁ FOI CASSANDRA.

Cassandra foi amaldiçoada por não querer fazer sexo.

Cassandra é uma personagem da mitologia grega, irmã da Helena de Troia. Ela não quis fazer sexo com Apolo, deus da juventude e da luz, e ele a amaldiçoou. Seu infortúnio seria falar sempre a verdade, fazer profecias corretas, mas não ser ouvida e ninguém acreditar nela. Sua beleza, sensibilidade e dons de nada lhe serviram numa sociedade onde foi desacreditada. Se ouvida, ela poderia ter salvado seu povo.

Louca, mentirosa, confusa, delirante, malévola, conspiratória, manipuladora. Assim a família a definia. Lá pelas tantas, foi roubada e doada a Agamenon, que a trancafiou e estuprou diversas vezes. Ela foi assassinada junto a ele, pelo amante de sua esposa Clitemnestra.

Que mulher nunca foi acusada de estar querendo tirar vantagem de alguém quando faz uma acusação de assédio ou estupro? Quem nunca foi Cassandra?

Sempre que sento com amigas para conversar – geralmente numa mesa de bar – pergunto, com muito jeito, quem tem algum trauma de infância mais grave. No começo me surpreendia: uma em cada 3 mulheres foi ABUSADA ou MOLESTADA na infância. Se não é o seu caso e isso lhe soa estranho, comece a conversar com as pessoas. Aviso de gatilho: essas conversas podem alterar drasticamente a forma como você vê o mundo.

Historicamente os abusadores (e eles são muitos, infelizmente) se valem de duas armas: o segredo e o silêncio. Fazem o que querem ou conseguem e instruem suas vítimas a se calarem. Tenho amigas que levaram 30 anos para falar sobre o assunto. Outras esperaram o agressor morrer para abrir a boca. Uma delas disse que, mesmo que o tio abusador esteja morto, não tem coragem de falar sobre o assunto com a família para não chocar a tia e as primas. Outras são obrigadas a conviver até a idade adulta com essas pessoas.

Conversar é importante porque existe uma chance bem grande de outras mulheres (e meninos também) terem sido abusadas. E continuarem sendo. Uma grande amiga contou que, quando se deu conta e decidiu abrir o assunto na família, descobriu que o avô infeliz (que o diabo o carregue) havia abusado de suas irmãs, primas, mãe e tias. De todas elas.

Quando o silêncio é quebrado, por parte das vítimas, a reação imediata é desqualificar quem está fazendo a denúncia. Dizer que a pessoa, muitas vezes criança, é louca, mentirosa, está inventando, tem outros interesses. Exatamente como faziam com Cassandra em Troia. Até quando, hein?

> O SILÊNCIO E A VERGONHA SÃO CONTAGIOSOS; A CORAGEM E A FALA, TAMBÉM.
>
> REBECCA SOLNIT
> (OS HOMENS EXPLICAM TUDO PARA MIM)

AO DESABAFAR COM AMIGAS, DIZIAM QUE "ERA ASSIM" E QUE ELA DEVIA "COMEÇAR A REZAR". MARIA DA PENHA SENTIA-SE SOZINHA E DESESPERADA. APÓS PRESSÃO EXTERNA, O BRASIL FOI OBRIGADO A REVER SUAS POLÍTICAS DE CONTENÇÃO À VIOLÊNCIA CONTRA A MULHER. A LEI 11.340 (DE 7/8/2006) LEVA O NOME DE MARIA DA PENHA E PREVINE A VIOLÊNCIA DOMÉSTICA FAMILIAR DE FORMA CLARA.

Jules de Faria
(Mulheres Incríveis)

CONFIAR É PRECISO

ANTES DE SER MÃE TIVE UMA CHEFE/AMIGA QUE ME ENSINOU MUITAS COISAS. A NÃO FALAR "JUDIARIA", POIS ELA ERA JUDIA E SE OFENDIA COM O TERMO. A RIR QUANDO TUDO DAVA ERRADO. E O MAIS IMPORTANTE: A CONFIAR NOS FILHOS.

A Denise, esse é o seu nome real, tem três filhos – o Alan, a Luana e o Renan. Naquele tempo, eles eram adolescentes e implicavam uns com os outros como qualquer jovem. A relação com os pais, no entanto, era bem diferente de tudo que eu já tinha visto. Eles eram amigos de verdade.

Por mais estranho que me parecesse na época, o Alan contava seus projetos, a Luana falava dos crushes (não lembro que termo se usava em 2004) e o Renan vivia abraçado nos pais, no auge dos seus 15 anos. Eles eram tão íntimos que nem pareciam uma família, note a noção de família que eu tinha.

Certa vez o Alan começou a ficar com uma menina que trabalhava comigo e com o meu marido numa rádio. Ele não aparecia para dormir em casa. Perguntei à Denise se ela se importava e ela disse que não, que dormia como uma pedra. Que tinha criado os filhos para serem felizes e respeitarem a si próprios e aos outros. Por isso, confiava e não ficava preocupada, esperando chegar, ligando ou indo atrás. Aquilo foi marcante. Decidi ali que tipo de mãe eu seria.

Confiança tem que ter reciprocidade. Minto se disser que nunca pergunto duas vezes à minha filha mais velha se o que ela está dizendo é a verdade verdadeira. E, às vezes, ela ri e diz que não era bem assim. Da segunda versão de uma história, nunca duvidei. Já me assustei. Tem coisas que a gente não quer ouvir, prefere nem saber ou acha uma bobagenzinha à toa. Mas, se é importante para nossos filhos, é nosso dever ouvir e tentar ajudar.

Entender é opcional, confiar é obrigatório. Se a gente não confiar nas pessoas que nós mesmos parimos, alimentamos, cuidamos e educamos, em quem podemos confiar então?

OS FILHOS ADOLESCENTES... SÓ QUEREM UM ABRAÇO

SABE QUANDO AS CRIANÇAS MAIORES BRIGAM ENTRE SI? OU NÃO COOPERAM? OU CHORAM DE RAIVA OU NERVOSO AO INVÉS DE FAZER A LIÇÃO DE CASA? DESCOBRI UMA COISA: ELAS PRECISAM DE UM ABRAÇO.

Não precisam de gritos, brigas nem sermões. Muito do que eles fazem para nos chamar a atenção, nos irritar ou mesmo nos enlouquecer vem de uma profunda carência. Pode ser ciúmes do irmão, do namorado novo da mãe ou do pai, dos colegas, amigos, do trabalho ou dos hobbies dos adultos à sua volta.

Eles cresceram, não chamam mais máquinas de "mánicas", já sabem se limpar, amarrar os tênis e sabem de cor a senha do wi-fi de todos os lugares que frequentam. Quando a gente deixa de pentear seus cabelos, de cortar as suas unhas e de deitar um pouquinho com eles para que durmam, não nos damos conta de que vamos, aos poucos, deixando de tocá-los, de abraçá-los e de ficar de mãos dadas com nossos filhotes.

Diferente de quando eram pequenos e era fácil ser o centro das atenções, vão se tornando invisíveis e esquecidos num canto da casa (o quarto). Eles sentem esse isolamento. A gente pensa que são eles que se afastam, mas somos nós que deixamos de olhar, falar e tocar em nossos filhos com gestos de amor e admiração.

É óbvio que educar e botar limites é muito importante. Ensinar os filhos a se virarem sozinhos, respeitar os seus sentimentos e momentos difíceis, idem. Não podemos aceitar que sejam desrespeitosos, não cooperem em casa ou queiram morar pra sempre com a gente. Mas alguma coisa me diz que, quanto mais abraços a gente der neles agora, tudo pode ser bem mais fácil. O melhor disso é que – diferente de terapia, aula particular e outras terceirizações – é de graça. E bem bom ainda por cima.

PS: Não estou dizendo que um abraço resolve tudo, apenas que ajuda no vínculo, a relação mais poderosa que temos com nossos filhos. E vínculo e confiança resolvem praticamente tudo.

O SANGUE AZUL DOS COMERCIAIS

MENSTRUAR É UMA DAS PIORES COISAS QUE ACONTECEM NA ADOLESCÊNCIA. TER QUE SE PREOCUPAR COM A POSSIBILIDADE DE UMA MANCHA DE SANGUE NOS FUNDILHOS TIRA A TRANQUILIDADE DE 10 ENTRE 10 MENINAS A PARTIR DOS 10 ANOS. ÀS VEZES ATÉ ANTES DISSO.

Tem meninas que são prevenidas e andam com um kit menstruação a partir do quarto ano do ensino fundamental. No kit, lencinhos umedecidos também ajudam na hora do desespero.

A relação com o sangramento varia de menina para menina. É privilégio nosso, no Brasil, podermos usar absorventes e levar uma vida normal nesses dias. Em países como a Índia, mulheres menstruadas perdem aulas e dias de trabalho, o que lhes coloca numa situação muito desprivilegiada na sociedade. Muitas meninas são obrigadas a parar de estudar quando menstruam porque suas escolas não têm banheiros para elas, apenas mistos, dos quais são excluídas quando têm a sua menarca.

No tempo das nossas mães e avós, era tabu falar sobre o assunto. Assim, acontecia de uma menina ficar menstruada e nem saber do que se tratava. Ou então de menstruar e esconder da família por algum tempo, filando absorventes das irmãs. É muito triste isso e não duvido nada que ainda aconteça em locais onde o acesso à informação é escasso.

Por que o sangue nas propagandas é azul? Qual o problema com o vermelho? Menstruar não é errado e muito menos nojento. Faz parte da nossa natureza e não devíamos ter medo de falar sobre este tema e nem nos envergonharmos.

Hoje em dia, eu adoro menstruar. Entendo essa fase como uma etapa de purificação mensal do meu organismo. Se o sangue desce no dia certo, encaro como um grande sinal de que tudo está bem no meu corpo. Espero que minhas filhas também encarem assim no futuro. Muito dos medos e dramas que passamos para nossas filhas e filhos é reflexo da forma como fomos criadas. Assim, que tal tentar passar uma mensagem positiva para sua filha? Sentir nojo e vergonha de si mesma não faz bem pra ninguém. Pense nisso.

PS: Sempre quis saber como as mulheres primitivas faziam nesses dias. Descobri que, ao contrário de nós, elas menstruavam muito pouco. Ou estavam grávidas, ou amamentando.

O FLUXO MENSTRUAL NÃO É ANTI-HIGIÊNICO NEM PERIGOSO. ELE É COMPOSTO DE SANGUE E MUCO, E VOCÊ PODE LIDAR COM ESTA INFORMAÇÃO COMO QUISER

NINA BROCHMANN E ELLEN STOKKEN DAHL
(VIVA A VAGINA)

CABELO, CABELUDO, DESCABELADO

COMO IDENTIFICAR UM ADOLESCENTE? UMA POSSÍVEL DEFINIÇÃO PODE SER "ALGUÉM QUE MUDA OU QUER MUDAR O SEU CABELO O TEMPO TODO". É QUASE UMA ZONA FRANCA DE AFIRMAÇÃO, LOGO ACIMA DAS SOBRANCELHAS. VOCÊ JÁ REPAROU A QUANTIDADE DE MENINOS COM O CABELO DESCOLORIDO NAS RUAS? E DE MENINAS COM PONTAS AZUIS E VERMELHAS? E DE CORTES MALUCOS QUE VOCÊ JAMAIS FARIA?

Pais e mães podem ser incisivos quando o assunto é tatuagem ou piercings. Mas, no que tange à peruca, será que temos o direito de interferir tanto? Afinal, como dizem os cabeleireiros, cabelo cresce. Assim, se seu filho fizer uma "M" gigantesca e ficar com um cabelo ridículo, é apenas uma questão de tempo para tudo se resolver. E, de quebra, ele aprende algo sobre seu próprio gosto para estética capilar.

Raspar temporariamente é sempre uma opção. Mesmo entre as meninas. Já vi turmas inteiras de colégio rasparem a cabeça em solidariedade a um colega em tratamento de câncer. Isso é muito bonito. E mostra que, além de não se preocupar a fundo com seus cabelos, os jovens são capazes de atos maravilhosos.

A Mamãe é Punk

    Minha filha tem uma amiga na escola que usa tranças coloridas. Noto que várias meninas da turma estão trançando o cabelo, dormindo com ele molhado pra dar o efeito frisado. Teriam a ditadura da chapinha e os alisamentos chegado ao fim? Vamos torcer que sim, porque a última década foi recordista em gente passando porcaria no cabelo para ficar liso. E se intoxicando com isso.

    Talvez seja exatamente esta a mensagem que os adolescentes estejam nos passando com seus cortes de cabelo sem simetria e cores exóticas. Cabelos black power ou de pontas azuladas nos avisam: o futuro é agora. E ele é bem diferente da monotonia dos meus tempos. Que bom.

AO CONTRÁRIO DA ABERTURA DA URETRA, A ABERTURA MUITO MAIOR DA VAGINA É FÁCIL DE ACHAR. É UM CANAL MUSCULOSO COM SETE A DEZ CENTÍMETROS DE COMPRIMENTO QUE SE ESTENDE DA VULVA ATÉ O ÚTERO.

Nina Brochmann e Ellen Stokken Dahl
(Viva a vagina)

O SONO

ADIVINHA O QUE UM ADOLESCENTE FAZ À TARDE? DORME. AFINAL, ELE ACORDOU ÀS 6H30 PARA ESTAR ÀS 07H30 NA ESCOLA E PROVAVELMENTE NÃO FOI DORMIR COM AS GALINHAS. ELES CRESCEM, ELES MADRUGAM, DORMEM TARDE E PRECISAM REPOR ESSA ENERGIA EM ALGUM MOMENTO.

Talvez o mais acertado fosse terem aulas de tarde, mas não é assim que o sistema está instituído. Fisiologicamente os bebês dormem cedo e acordam cedo, em geral. A partir dos 10 anos, no entanto, o hormônio responsável pelo sono, a melatonina, é liberada mais tarde. Assim, quando os pais estão sonolentos, eles estão no auge da atividade e nem cogitam dormir.

Estudos feitos com animais mostram exatamente isso: quanto mais sonolentos estiverem, menor será seu rendimento. O problema é que os adolescentes não racionalizam isso. Assim, ao dormir tarde e acordar cedo (isso não é opção), rendem menos do que se pudessem acordar mais tarde.

Outro dia, a mãe de um adolescente perguntou numa roda: *"O que eu faço? Meu filho fica só no celular e nunca tem sono"*. A resposta está na pergunta. O celular e toda a ansiedade e excitação que dele emanam certamente prejudicam a chegada do sono. Estabelecer limites de horário para uso de telas é um acordo que poderá trazer benefícios inimagináveis na relação pai/mãe e filho(a).

Finalmente, se não conseguir estabelecer o hábito saudável em sua casa, aceitar que cochilem à tarde pode ser uma forma de proteger inclusive o cérebro de seu filho de uma estafa precoce. Se tiver oportunidade, faça uma sesta com ele, por que não?

UMBIGOS SOLITÁRIOS

"AH, PÉRA AÍ, A FULANA ERA A TUA MELHOR AMIGA ATÉ A SEMANA PASSADA, AGORA VOCÊ NÃO QUER MAIS VÊ-LA NEM PINTADA DE OURO E AINDA QUER TROCAR DE ESCOLA?" ESSE TIPO DE SITUAÇÃO AINDA TE DEIXA ATORDOADA? CALMA, QUE ESTÁ SÓ COMEÇANDO. COM O TEMPO VOCÊ SE ACOSTUMA E APRENDE A LIDAR.

Adolescentes são intensos em seus sentimentos e atos. Passam de um estado de euforia e risadas altas a outro de silêncio e melancolia no tempo de você fazer um café. Só tem um jeito de conviver: olhando no olho e chamando para conversar. Não é só com a gente que eles se desestabilizam. Entre si também.

Uma das principais queixas dos adolescentes tem sido "amigos que lhes deixam no vácuo". Numa sociedade em que as pessoas estão sempre mudando de opinião e de sentimento em relação aos outros, o vácuo é um sintoma normal. Principalmente porque há pouco enfrentamento entre eles. Raramente possuem o hábito de conversar e entender o que está acontecendo.

Assim como no universo polarizado dos adultos, que muitas vezes caminha para o ódio cego, o diálogo é extremamente necessário na adolescência. Jovens que não conversam serão adultos com visão limitada das situações. E tenderão a olhar apenas para o seu umbigo.

Você certamente conhece pessoas que se sentem e se dizem sempre injustiçadas nas situações de trabalho. Tem amigas que ficam tristes porque um cara com quem estavam saindo não deu mais as caras. Gente que sempre acha que está sendo traída e vive paranoica. Amigos que se ofendem quando não são convidados para alguma festa ou encontro.

Quanto essas pessoas se preocupam com o outro lado? Prestam atenção e dialogam com quem – segundo elas – foi injusto, desonesto ou frio com elas? Esse narcisismo, de olhar apenas o seu lado na história, gera muito sofrimento em adolescentes e adultos.

E tem mais: tirar eles de seu mundinho particular tem como efeito colateral alargar o nosso próprio mundinho também.

AMIGA, SIM. BFF, NÃO TÃO CEDO

QUERER SER A MELHOR AMIGA DOS FILHOS NÃO É JUSTO. NEM COM VOCÊ MESMA, QUE NUNCA VAI CONSEGUIR O POSTO. E MUITO MENOS COM O ADOLESCENTE, QUE MERECE ANDAR COM GENTE BONITA, ELEGANTE E SINCERA. DA IDADE DELE, NÃO DA SUA.

Estejamos sempre prontos para orientar, ouvir e ajudar. Como mentoras, como guias, não como amigonas. É preciso haver uma hierarquia. É importante que nossos filhos adolescentes nos encarem como alguém diferente deles, a quem eles desafiarão, mas com quem poderão contar e respeitarão.

Não compita com os amigos dos seus filhos, seja adulta. Não queira saber segredos. Seja amiga das suas amigas, não das adolescentes. História de adulto é história de adulto, não conte causos das suas amigas para marido nem filhos. Sigilo e ética, faça deles a sua bandeira.

Se souber de algum babado dos jovens, também não banalize contando pra todo mundo. Se for muito sério, converse com os envolvidos, mas mantenha longe de quem não tem nada a ver com a história. E o mais importante: na adolescência, não faça seu filh@ de seu confidente. Ele não tem maturidade para ouvir os seus problemas e te ajudar.

    Lembre-se sempre de ser a pessoa responsável da casa. Seu filho não só será grato como aprenderá com você e te admirará. E isso vai aproximar vocês, que serão amigos, mas não os melhores amigos. Deixe a amizade profunda para quando não tiver mais que educar ou dar exemplo. Para quando os hormônios prescreverem.

NÃO É PORQUE OS SEUS PAIS NÃO OFERECERAM UM VÍNCULO SEGURO QUE VOCÊ ESTÁ FADADO A PERMANECER COM UM MODELO DE VÍNCULO NÃO SEGURO.

DANIEL J. SIEGEL
(O CÉREBRO ADOLESCENTE)

CABELOS AO VENTO

QUAL A IDADE E O DIA CERTO PARA DEIXARMOS NOSSOS FILHOS SAÍREM SOZINHOS NA RUA? NEM TODAS AS CRIANÇAS TÊM OPORTUNIDADE DE PODER ESCOLHER SE VÃO OU NÃO ANDAR SOZINHAS APENAS QUANDO SE SENTIREM SEGURAS. ALGUMAS NÃO TÊM QUEM AS LEVE E ERA ISSO. OUTRAS, A MÃE QUER ANDAR DE MÃO DADA ATÉ OS 18 ANOS. OU 30 ANOS.

A segurança nas ruas varia de cidade para cidade. De bairro para bairro. O inexorável é que os jovens vão querer sair sozinhos, pegar ônibus, dormir na casa dos amigos e até – ai meu deus – ir ao shopping sozinhos. E pra piorar, ao cinema. Sem a gente.

Não dá pra ficar espionando. Tenho amigas que confessam: envelheço 10 anos e quase tenho um AVC cada vez que meu filho pega um ônibus sozinho. Cuidado demais? Ou bom senso? Dá pra congelar eles como "de menor", pra mandar sempre pra escola de kombi escolar? Não dá ;(

Os números mostram que é mais seguro ser menino do que menina. E que as meninas mais fortes e que andam em grupos estão mais protegidas. O que podemos fazer para dar mais autonomia para nossos filhos? Por pior que pareça, precisamos incentivá-los a fazer pequenos trajetos sozinhos ou acompanhados dos amigos. Estudos da polícia mostram que meninas com guarda-chuva são menos assediadas do que as que não olham a previsão do tempo. Uma guarda-chuvada bem dada pode derrubar um agressor.

A autonomia é a capacidade de tomar decisões sozinho, avaliando os riscos e os impactos. Nossos filhos só aprendem a ter autonomia se desde pequenos forem incentivados a fazer escolhas e bancarem as consequências.

Ao sair pra comprar pão, numa hora de movimento, eles vão entender como é a rua. Que os carros nem sempre seguem as leis, que as pessoas – às vezes – podem ser rudes e que andar com celular na mão é pedir para ser roubado. Aliás, lugar de celular é bem guardadinho no bolso para as mães poderem rastreá-los pelo GPS se o coração apertar.

ESTÁ TUDO BEM

MESMO QUE NÃO ESTEJA, VAMOS FAZER UM PACTO COM A SAÚDE MENTAL DOS NOSSOS FILHOS? VAMOS POUPÁ-LOS DE TRAUMAS DESNECESSÁRIOS? ELES PODEM SER MELHORES DO QUE A GENTE. OU INFINITAMENTE PIORES. PARA O BEM E PARA O MAL, ISSO DEPENDE MUITO DE NÓS. E, ACREDITE, CRIÁ-LOS NO CAOS NÃO COLABORA EM NADA NESSE APRIMORAMENTO PESSOAL.

Você pode não ver as coisas dessa forma, nem o seu filho, conscientemente, mas somos um modelo pra eles. Eles aprendem a lidar com as situações observando como nós lidamos. Assim, quando nos descontrolamos, gritamos, agimos de maneira irracional, tem sempre alguém filmando isso. Pode ter certeza.

CITE UMA PESSOA QUE VOCÊ ADMIRA QUE GRITA COM VOCÊ. SE FOR CAPAZ.

Nosso delírio de controlá-los vai nos levar à impotência. Porque ninguém controla ninguém. Ninguém controla o desejo e os sonhos de outra pessoa. Espero que você já tenha aprendido isso. Eu aprendi quando tinha 33 anos, na terapia. Foi muito revelador. E é tão simples: controlamos o que sentimos, não o que o outro sente. Afinal, não é possível impor que alguém nos ame, nos respeite e queira nos contar tudo. É preciso conquistar tudo isso. Não pela força, não por imposição. Por admiração.

Os adolescentes adoram conversar sobre a adolescência. Eles têm curiosidade. Também não entendem por que dramatizam tudo, por que sofrem tanto, por que não conseguem fazer algumas coisas e por que a vida é tão injusta com eles. Abrir um canal para conversar e contar as suas próprias experiências durante esta fase pode ajudar muito no estabelecimento desta ponte intergeracional.

Ah, a escola, sempre ela. Se as notas estiverem bem e seu filho aparentar ter amigos e estar numa boa, você pode relaxar. Não é legal fazer a lição de casa com um youtuber berrando e fazendo experimentos ao fundo. Se as notas estiverem boas, veja até onde isso vai.

Se, no entanto, surgirem problemas na escola, investigue. Solidão, tristeza, drogas, depressão, problemas mentais? Abra bem seus olhos porque, quanto antes atuarmos, melhor. E nesses casos não vai estar tudo bem, mas nós teremos que ficar bem para ajudá-los a superar suas dificuldades. Por isso, vamos ter que fingir que estamos bem da mesma forma.

CRÍTICAS ADOLESCENTES

A ANITA ESTÁ COMEÇANDO A DEMONSTRAR QUERER DISTÂNCIA DE MIM. ME OLHA COM UMA CARA ESTRANHA. SÓ SE APROXIMA PARA ME CUTUCAR. ELA GOSTA DE ESPREMER CRAVOS. EU TENHO POUCOS E ELA ME MACHUCA. TAMBÉM TEM ME CRITICADO BASTANTE. É MUITO IRRITANTE. ELA QUER SAIR DE VEZ DA BARRA DA MINHA SAIA. E EU ESTOU BEM COM ISSO. TÃO BEM QUE ELA SE IRRITA. E QUER QUE EU SOFRA UM POUQUINHO, PELO MENOS.

Lembro de uma situação semelhante que vivi aos 17 anos. Minha mãe sugeriu fazer ginástica comigo, na academia onde eu malhava. Lógico que eu não queria. Então elaborei o seguinte pensamento maldoso: "Se você acha legal mãe e filha fazendo ginástica juntas, convide a avó para ser tua colega". A gente ria disso, mas é evidente que eu fui rude e cruel. Em algum nível minha mãe deve ter se magoado.

Hoje ainda, eu com 40 e ela com quase 70, fazemos pilates em academias diferentes. Ela já me convidou diversas vezes para frequentar a dela, mas o motivo da negativa é outro. Tenho certeza de que ela iria ficar me corrigindo e controlando se estivéssemos nos alongando na mesma sala. Só por isso. Não quero mais ficar longe. Não tenho mais essa necessidade.

Amigas têm me contado que suas filhas estão agindo de forma crítica e sarcástica. Reclamam de tudo, são avessas ao toque. Odeiam que a mãe cante. Mãe que dança em festa, então, os adolescentes detestam. Esse tipo de implicância é muito normal para os filhos e pode ser doído para as mães.

No fundo, eles só querem se afirmar como diferentes de nós. Para, quando estiverem longe de nossos olhos, eventualmente agirem exatamente como a gente. Não existe coerência nesta fase da vida onde o único aspecto estável é a instabilidade.

E as críticas, como lidar? Que entrem por um ouvido e saiam pelo outro. Muitas vezes, eles só estão testando seu poder de argumentação com a gente, disputando poder. Se tiver energia, repertório e paciência, compre cada uma das discussões propostas pelo seu filhinho adolescente. Aviso: é melhor não.

COMO SER MELHOR QUE UM ROBÔ?

A GENTE TEM PESADELO, PASSA NOITES SEM DORMIR, SENTE FRIO NA BARRIGA E NÃO VAI COM A CARA DE ALGUMAS PESSOAS. OS ROBÔS NÃO.

Para tomar as rédeas do futuro, eles estão aprendendo com as nossas decisões. Esse processo se chama "machine learning" e funciona assim: quando um robô é alimentado com diversos processos criminais de assassinato por roubo, por exemplo, ele forma um banco de dados com variáveis que podem levá-lo a julgar um caso que tenha as mesmas características, ressalvando as máximas de que cada indivíduo é diferente e de que cada caso é um caso.

O futuro será repleto de robôs. Eles vão errar menos que a gente, serão mais rápidos e produtivos. E roubarão nossos trabalhos e os trabalhos de nossos filhos.

A gente tem pesadelo, passa noites sem dormir, sente frio na barriga e não vai com a cara de algumas pessoas. Os robôs não.

Nós temos intuição. Intuição é o coração disparado, é uma conexão ancestral, um cheiro que nos traz conforto ou pânico. E isso os robôs nunca terão.

Robôs trabalham como o lado esquerdo do nosso cérebro: de forma lógica, linear, desconectada do todo, do universo, dos sentimentos. Eles não veem o quadro geral. Porque não têm memória afetiva, empatia nem fé na vida.

O filósofo Domenico de Masi, famoso por cunhar o termo Ócio Criativo, acredita que os escritórios do futuro serão ocupados predominantemente por mulheres. Em especial por mulheres sensíveis, capazes de conversar com a sua intuição e tomar decisões que robôs jamais tomariam.

Mulheres são criadas aceitando melhor o lado direito, podem chorar e falar como se sentem (ao menos na primeira infância). Este lado regula o corpo, as emoções e a comunicação interpessoal. O próprio ciclo menstrual nos lembra, todo mês, que estamos sujeitas a oscilações sobre as quais não temos controle. Sentimos o todo.

Uma mulher que se permite mais contato com a natureza e com seus instintos é mais feliz e poderosa. Controla sua vida e equaliza a rede de pessoas com quem convive mais intimamente. Os homens também podem resgatar isso. Vivendo a paternidade, cozinhando, lembrando que a natureza existe.

Provar que é macho 24 horas por dia só fazia sentido quando era preciso abater javalis para alimentar uma família. Criar meninos usando a lógica da masculinidade tóxica – para serem "pegadores", para não chorarem e não confiarem nas mulheres – é um caminho fadado a fabricar adultos com problemas de caráter e de alma corroída.

O escritor Gustavo Tanaka, um entusiasta da bondade dos homens e das sociedades justas, costuma dizer que as pessoas hoje sabem a cotação da bolsa mas não sabem em que fase da lua estamos. Ele mesmo ministra curso de autoconhecimento do sagrado masculino para reconectar machos com a natureza e o lado sensível (direito) do cérebro.

Cursos semelhantes de celebração do Sagrado Feminino acontecem pelo mundo todo. Mulheres descalças se banham em cachoeiras e reafirmam seus poderes ocultos. Um livro obrigatório para quem está neste processo de se reconciliar com o lado direito do cérebro é o clássico *Mulheres que correm com os lobos*, de Clarissa Pinkola Estés. Um dos meus trechos preferidos:

"As lágrimas são um rio que nos leva a algum lugar. O choro forma um rio em volta do barco que carrega a vida da alma. As lágrimas erguem seu barco das pedras, soltam-no do chão seco, carregam-no para um lugar novo, um lugar melhor.

O choro da mulher sempre foi considerado muito perigoso, pois ele abre os trincos e os ferrolhos dos segredos que ela carrega. Na realidade, porém, para o bem da alma selvagem da mulher, é melhor chorar."

Vamos chorar mais e ensinar nossos filhos a fazer o mesmo? Está aí uma coisa que os robôs nunca farão. Até porque não desconfiam do poder que uma lágrima contém.

AS MULHERES ESTARÃO NO CENTRO DO SISTEMA SOCIAL. O MUNDO SERÁ MAIS RICO, MAS CONTINUARÁ DESIGUAL. A ESTÉTICA DOS OBJETOS E A CORTESIA NOS SERVIÇOS INTERESSARÃO MAIS DO QUE SUA EVIDENTE PERFEIÇÃO TÉCNICA.

Domenico de Masi

DESCONVERSANDO SOBRE VIRGINDADE E OUTROS ASSUNTOS

CONHEÇO MENINAS QUE SÃO TÃO AMIGAS DA MÃE QUE CONTAM TUDO. INCLUSIVE PLANEJAM JUNTAS COMO SERÁ A PRIMEIRA VEZ. EM CASAS SÓ DE MENINAS, ISSO É RELATIVAMENTE COMUM. A PRESENÇA DO PAI, EMBORA MUITO BENÉFICA, PODE IMPOR ALGUM DISTANCIAMENTO OU MEDO DE ABORDAR O TEMA.

No entanto, este não é um assunto fácil. Nem para as meninas e meninos tratarem com sua mãe ou pai, nem para eles mesmos. Eu lembro bem o drama que era para mim ser virgem. Se eu pudesse fazer uma microcirurgia num consultório e não me preocupar com este detalhe, faria certamente.

Outro dia perguntei para minha filha o que ela pensava sobre o assunto.

A Mamãe é Punk

"Ser virgem? Não sei, sou de Áries."

Desconversou completamente. Mas, ainda ontem, indo pra escola, ouvindo uma propaganda no rádio que dizia que "um terço dos homens sofre de ejaculação precoce na idade adulta", fez diversas perguntas.

"Mãe, o que é ejaculação precoce?"

"É quando no meio do sexo o homem goza muito rápido."

"Como se sabe o que é rápido?"

"São poucos minutos. Antes da mulher atingir o orgasmo, por exemplo."

"O que é orgasmo?"

"É uma sensação bem boa."

O exemplo que dei é bem ruim. Pobre Anita, não imagina a quantidade de mulheres que não faz a menor ideia do que é um orgasmo.

Meu marido adora contar a história de uma menina de 14 anos que falou para o pai que queria transar com o namorado. O pai pensou, pensou e falou para a filha que ela deveria aprender a se masturbar para "aliviar" o seu desejo e pensar melhor antes de consumar o ato. Genial.

A meu favor, tenho a literatura. A Anita lê muito, assiste a séries e tem muitas amigas da mesma idade para conversar. Adoro quando me pergunta as coisas, ainda que eu me embanane um pouco. Os diálogos entre nós costumam ser assim:

> "Anita, com quem você passou o recreio hoje?"
>
> "Ah, mãe, eu gosto de variar de amigas. Se não, me sinto igual àquelas pessoas que entram na faculdade namorando e não aproveitam com toda a intensidade a vida acadêmica."

Espero que a intensidade toda da vida acadêmica seja pautada por outra máxima dela: quem não arrisca, não erra nunca. Um lema conservador que na seara da sexualidade adolescente é bem-vindo. Se não tem certeza, não vai.

O VÁCUO – USE A SEU FAVOR

ANTES AS PESSOAS CONVERSAVAM QUANDO ESTAVAM JUNTAS.

Se estavam longe, era possível mandar cartas. Que levavam tempo para chegar. Mais tempo ainda para serem respondidas. Era um processo.

Para falar e já saber a resposta, as pessoas usavam o telefone.

As cartas de hoje são os e-mails ou mensagens. O problema é que, diferente das cartas, podem ser respondidos imediatamente. Podem mas não devem, necessariamente.

E o que acontece quando uma pessoa manda uma mensagem e a resposta não vem? Loucura, pânico e desespero. Diferente de nós, que ficávamos de boa, verificando a caixa dos correios uma vez por dia. A espera de uma mensagem (que às vezes não chega jamais) pode ocorrer em tempos recordes de mais de uma checagem por segundo.

Para os adolescentes, ser deixado no vácuo é uma grande dor. Amigos ou crushes (paqueras) que não respondem mensagens podem desencadear crises terríveis de ansiedade. É tão fácil pegar o celular e responder. O que custa?

Não responder é uma forma simples de torturar alguém em tempos de comunicação sincronizada. O silêncio é uma moeda de controle alheio para quem sabe usá-la. Não deveria. Deveria ser apenas um direito.

É óbvio que isso está errado. Precisamos desacelerar. Não responder na hora. Não esperar respostas. Quem não responde, não é porque nos ignora e não tem a menor consideração pela gente. É só alguém que está fazendo algo mais importante do que responder mensagens. E acredite: a vida é bem mais importante do que responder mensagens imediatamente.

Experimente inverter o jogo e ser você quem não responde. Com o tempo, talvez você possa até redescobrir uma coisa bem bacana chamada VIDA REAL.

A AUTOESTIMA DAS MENINAS

OS DISCURSOS DE EMPODERAMENTO DE MULHERES E MENINAS SEMPRE FORAM DESLEGITIMIZADOS PELA MÍDIA. DESDE 2015, NO ENTANTO, EXISTE (NO BRASIL) ALGO NOVO. UMA PATRULHA PELO RESPEITO ÀS MULHERES E ÀS MINORIAS. GRANDE PARTE DAS ADOLESCENTES DE HOJE E DAS MULHERES ADULTAS DA MINHA GERAÇÃO COMPREENDE O QUE HÁ DE ERRADO EM ASSOCIAR O CORPO FEMININO PERFEITO AO SUCESSO DE UM HOMEM. E TAMBÉM COMPREENDE QUE É IMPORTANTE FALARMOS DE CORPO, RESPEITO, DIREITOS REPRODUTIVOS, CULTURA DO ESTUPRO, PEDOFILIA, ABUSOS E DIVERSIDADE, SEJA ELA RACIAL OU DE GÊNERO.

Lá atrás, nos anos 50, o cinema hollywoodiano construiu para a publicidade uma ideia de que beleza e sexo vendem. Nesse contexto, o corpo da mulher – de preferência nu – foi utilizado para vender qualquer produto. Vocês lembram como eram TODAS as propagandas de cerveja no Brasil há pouquíssimo tempo? Mulheres de biquíni e homens bebendo, celebrando. Porque mulher não tomava cerveja. E cada vez que um homem abria uma latinha, automaticamente as mulheres ao redor se despiam. Só que não, né?

Essa lógica toda tem nome: "male gaze". A mídia utiliza sempre o male gaze para representar as mulheres. Ele representa o olhar masculino. A câmera está onde um homem gostaria de estar. Você já parou pra pensar que muito do seu desejo sexual foi construído pensando sempre no deleite visual do parceiro? Em estar perfeita e desejável para um homem. Padrões (impossíveis) foram criados. A atriz, escritora e roteirista americana Lena Dunham costuma dizer que é mais fácil caber num jeans de 15 anos atrás do que no estereótipo da perfeição feminina.

Antes mesmo do Photoshop, nenhuma mulher era capaz de se achar perfeita no espelho. Nunca seremos como as mulheres das revistas porque nem elas são como estão nas fotos. Isso vem criando gerações eternamente inseguras de mulheres. Não é isso que queremos para nossas filhas. Eu pelo menos, não quero.

Tem mais coisa errada aí. Que tal insatisfação, frustração, baixa autoestima e utilização de tempo e energia preciosos que poderiam estar sendo gastos em outras coisas (estudo, saúde de verdade – não meramente estética –, trabalho e descanso) em uma busca impossível. Quer mais? Anorexia, bulimia, automatização e repulsa ao próprio corpo desde muito cedo.

Como era TUDO antes das feministas reclamarem (e muito): os publicitários trabalhavam com a ideia de que os produtos devem oferecer poder aos homens. Não faltavam propagandas sugerindo que os homens que consumissem determinada marca teriam acesso a bens e inclusive a mulheres. Em contrapartida, ao criar para mulheres, os publicitários (e as publicitárias não feministas) reforçavam no imaginário das consumidoras a ideia de que elas nunca seriam per-

A Mamãe é Punk

FRASE DA INTERNET (AUTOR DESCONHECIDO):

EM UMA SOCIEDADE QUE LUCRA COM A BAIXA AUTOESTIMA DAS MULHERES, NÃO EXISTE NADA MAIS REVOLUCIONÁRIO QUE SE AMAR

feitas, que eram gordas, velhas e feias. Há décadas é preciso diminuir a autoestima das mulheres e das pessoas que não se encaixam num padrão para vender produtos e tratamentos de beleza.

Já pensou o que aconteceria se todo mundo se amasse e se aceitasse como é? Quão menos manipuláveis e suscetíveis nós seríamos? Na verdade, ainda falta muito. A batalha definitivamente não está ganha. Temos como lição de casa o exercício diário de nos lembrar que não é a nossa aparência que define quem somos. Se nossas filhas entenderem isso, terão mais oportunidades, melhores empregos e cônjuges que as respeitem. Assistam juntas ao documentário Miss Representation (de Jennifer Siebel Newsom). Tem no YouTube. Ele pode ser um bom começo para puxar esta conversa difícil.

Quando olho os perfis no Facebook e no Instagram das colegas e ex-colegas da minha filha sensualizando nas selfies, confesso que sinto um desânimo. Mais uma geração de mulheres que acha que o seu valor está em atrair olhares masculinos? Ou "inveja feminina"? Ou que bom mesmo é trabalhar só com homens? Foram tantas as mentiras e os clichês criados para nos enfraquecer e diminuir que não vai ser de um dia para o outro que vamos conseguir mudar isso.

Eu sei que esse discurso é novo. Tão novo quanto ensinar nossas filhas que elas podem confiar na gente, precisam ter amigas para serem emocionalmente fortes e que o mundo não é exatamente justo com as mulheres. Mas que, se elas se amarem, serão tratadas como uma pessoa e não uma coisa.

E você, leitora, como se sente em relação a estes assuntos? Antes de educarmos nossos filhos é muito importante fazermos um balanço da nossa autoimagem, segurança e de nossas vivências. Feito isso, fica bem mais fácil conversar e até mesmo entender os jovenzinhos.

SÓ PARA MÃES DE MENINOS

CONVERSEI COM ALGUMAS DEZENAS DE MÃES DE MENINOS ACIMA DE 12 ANOS. PODEMOS DIZER, SEM MEDO DE ERRAR, QUE SÃO MUITO MAIS LIGADOS AOS JOGOS E TECNOLOGIAS DO QUE AS MENINAS. UMA MÃE RELATOU TER FLAGRADO O FILHO DE 14 JOGANDO VIDEOGAME NO LAPTOP, NO XBOX, NO TABLET E NO CELULAR AO MESMO TEMPO. E NÃO FOI UMA SÓ VEZ.

Essa batalha contra as tecnologias é considerada perdida por diversas mães. O motivo? Elas também se veem às voltas com seus celulares em boa parte do tempo.

Na adolescência, os meninos também têm as suas alterações hormonais. Ficam mais preguiçosos e comilões e, de vez em quando, quase infartam a pobre mãe com perguntas como "o que é bater punheta"? Mas isso é café pequeno. O que incomoda mesmo as mães são drogas, companhias e desempenho escolar.

Quando o assunto é fazer programas com os pais, o interesse vai diminuindo a cada dia. Nada parece divertido para eles, só amigos, videogame e YouTube. Nessa ordem.

Outra preocupação recorrente das mães de meninos – não as julgue por isso – é a definição da sexualidade do filho. Nas inúmeras conversas que tive, percebi que a motivação é ter noção de que o nosso país é perigoso para mulheres e para tudo que remete ao feminino. Desse ponto de vista, saber ou desconfiar que o filho é gay tira muito o sono das mães. Por medo da violência.

Independente da preferência sexual, eles vão transar. E aí entramos naqueles assuntos que fazem os filhos virarem os olhos quando falamos, como camisinha, a número um do "eu sei, mãe, eu já sei tudo". Lógico que não sabem quase nada. Em 2013, o Ministério da Saúde registrou mais de 400 mil adolescentes grávidas com idade entre 15 e 19 anos. Quem as engravidou provavelmente foi um menino que não sabe tudo sobre camisinha.

Mães que criam meninos sozinhas tendem a assumir culpas que não deveriam. Isso se aplica para meninas também. Ao invés de valorizar aquela mãe guerreira que está se desdobrando para criá-lo, tendem a culpá-las por tudo que dá errado.

Se o seu filho tem dificuldade de se concentrar na escola, (ainda) não tem grandes projetos profissionais e come todos os iogurtes da família, RE-LA-XA, tá todo mundo nessa.

QUAL O PROBLEMA DA MASCULINIDADE? EXISTE ALGUMA COISA NA MANEIRA COMO A MASCULINIDADE É IMAGINADA, NAQUILO QUE É ELOGIADO E INCENTIVADO, NA MANEIRA COMO A VIOLÊNCIA É TRANSMITIDA AOS MENINOS.

REBECCA SOLNIT
(OS HOMENS EXPLICAM TUDO PARA MIM)

HOMENZINHOS

O QUE SÃO OS MENINOS QUE ENTRAM NA PUBERDADE? HOMENZINHOS. O QUE FAZEM ELES, ALÉM DE JOGAR VIDEOGAME? ASSALTAM A GELADEIRA. O QUE MAIS? DISCUTEM COM OS PAIS. PORQUE FORAM ENSINADOS A SER ASSIM. MODELOS NÃO LHES FALTAM.

Da mesma forma que gatos e cachorros machos gostam de delimitar território, meninos ao entrar na puberdade passam a questionar as autoridades da casa. Muitas mães me contaram que estavam com um sabichão em casa. Que sabe tudo, de todos os assuntos. Pobres pais para dar conta de tanta rebeldia.

Vamos pensar sob outra ótica. Eu me lembro de quando era adolescente. Ah, essa sensação de saber tudo, é tão boa! E tão rara depois que a gente vai aprender de verdade sobre a vida. Quem me dera senti-la novamente.

Discordar, ter opiniões é diferente de não respeitar. Pais que criarem vínculos sólidos com os seus filhos terão companheiros de debate e não inimigos nessa fase. Mas nada disso é uma ciência exata. E ser rebelde, na hora que a Biologia lhe imputa essa atitude, não é o pior dos comportamentos.

OS CRUSHES DAS MÃES QUE ESTÃO SOLTEIRAS

TEM MÃE QUE NÃO É CASADA, NUNCA FOI. PASSOU A INFÂNCIA DO FILHO INTEIRA SOZINHA, SÓ CUIDANDO DA CRIA. MUITAS CONTARAM COM A AJUDA DA SUA PRÓPRIA FAMÍLIA. E AÍ, A PATRULHA PARA NÃO ARRUMAR OUTRO NAMORADO É MAIOR AINDA. SE A MÃE FALA QUE VAI SAIR COM UM GATINHO, PRONTO, A AVÓ JÁ OLHA COM CARA DE "NÃO VAI ENGRAVIDAR DE NOVO".

Tem mãe que troca várias vezes de namorado. Quando a criança está se acostumando com o novo "tio", a fila já andou. E aí é festival de gafe. Como a minha sogra, que chama os namorados da Débora sempre pelo nome do anterior. Ela jura que não é de propósito. Quem vai saber?

Tem mãe que não assume nem apresenta namorado nenhum justamente pelos motivos apresentados nos parágrafos anteriores. A mãe da Dani Entrudo, minha amiga, está solteira desde que enviuvou, aos 32 anos. Pretendentes não faltaram. Ela deve ter ficado é traumatizada com a experiência do matrimônio.

Mas tem mãe que namora, sim. Que dá chance ao amor. E é na adolescência do filho, esse desabrochar, que ela finalmente encontra cumplicidade num coração que começa a bater forte também. Quando se apaixonam, os filhos entendem melhor as coisas do amor. E transformam ciúmes em "ligo ou não, mãe, o que você acha?".

COMER COMER É O MELHOR PARA (A BARRIGA) CRESCER

BOTA MAIS ÁGUA NO FEIJÃO QUE SEU FILHO PRECISA CRESCER. NINGUÉM SABE AO CERTO O QUE ACONTECE COM OS ADOLESCENTES, MAS UMA COISA É CERTA: ELES ESTÃO SEMPRE COM FOME.

Se você coabita uma residência com um ser de mais de 12 anos, certamente já ouviu essa frase hoje: o que tem de bom para comer? Bom pra eles é carboidrato: massa, arroz, pão, de preferência com carne, peixe e frango, tudo junto.

Uma mãe de Uruguaiana, cidade do RS que faz fronteira com o Uruguai, me contou que na semana passada, num restaurante de quilo, a conta deu R$ 52,00, sendo R$ 38,00 do seu monstrinho de 13 anos. "Parecia que era a última refeição da vida da criatura", contou desesperada. Não foi o caso. No jantar ele botou pra dentro mais uma lasanha inteirinha.

"Saem da mesa e já catam uma banana, um iogurte", nada lhes satisfaz, contou uma gaúcha que passou a fazer 4 pizzas ao invés de 2 nos últimos meses, porque seus 3 meninos falavam a palavra fome mais do que internet, wi-fi, YouTube, escola e "me deixa em paz, mãe".

Como lidar? Você deve estar se perguntando. As soluções mais criativas encontradas pelas mães com quem conversei são: comprar cachos de bananas (essa fruta de preço justo, gostosa e nutritiva), incentivar os pimpolhos a cozinhar (dá-lhe Master Chef neles) ou assistir a documentários sobre alimentação semanalmente. Alguma consciência gera, pode apostar.

ESPELHO, ESPELHO MEU, MEU FILHO PODE SER MELHOR DO QUE EU?

"PARECE COMIGO", "AGORA QUE ENTROU NA ADOLESCÊNCIA, ESTAMOS BATENDO DE FRENTE PORQUE SOMOS MUITO IGUAIS". MUITAS MÃES ME FALARAM ISSO. SERÁ QUE OS FILHOS SÃO MESMO TÃO PARECIDOS COM A GENTE QUANTO QUEREMOS? OU ELES SÃO ELES MESMOS E A GENTE TEM QUE ACEITAR?

Por falar em aceitar, percebo uma dificuldade de mães ou madrastas em subverter a forma com que foram criadas, na relação com os filhos ou enteados. Quem teve uma educação muito rígida não consegue ser superdescolada com o filho. É normal. A gente dá o que tem. Só o fato de querermos ser melhores e tentarmos já mostra que estamos evoluindo.

NÃO REPITA MEUS ERROS

Quem foi mãe adolescente prefere ser avó depois dos 60. Algumas mães conseguem – por dominarem o assunto e conhecerem em profundidade a causa – orientar suas filhas a demoraaaaaar para transar. Uma das mães com quem conversei foi mãe aos 19 e hoje mora em Buenos Aires com a sua filha de 17. Elas conversam, por exemplo, sobre vibradores, tema impensável para ser debatido com a sua mãe há algumas décadas. Até hoje, na verdade.

Ela diz acreditar piamente que, se as meninas conhecerem melhor o seu corpo, não vão fazer sexo por carência. Outra mãe, com filhos de 20, 18 e 12, pensa da mesma forma. Conta que, na sua casa, se tem um assunto que não é tabu é a masturbação. *"Uma vez, meu filho – então com 14 – estava demorando horas no banheiro. A gente chamava, chamava e nada. Até que a pequena – de 8 – falou: acho que o mano descobriu que é bom ficar brincando sozinho! Foi gargalhada pra todo lado."*

Quando eu morava em Porto Alegre tinha uma amiga chamada Beth. Ela teve 4 filhos quando era muito nova, a partir dos 14 anos. Quando uma das filhas dela quis casar e ter filho, aos 17, ela "montou num porco", como se diz no RS. Principalmente porque sempre foi muito clara em relação a sexo, prevenção e em "perspectivas profissionais" para jovens mães.

NEM-NENS

Diversos estudos sobre gravidez na adolescência, dos 10 aos 19 anos, mostram que a incidência é muito maior em países em desenvolvimento. Quanto menos acesso à informação e à educação formal, mais adolescentes grávidas. A gravidez na adolescência constitui um dos principais fatores de evasão escolar entre as meninas. Segundo pesquisa do Unibanco, de 2014, cerca de um terço das jovens de 15 a 17 anos que abandonaram a escola já eram mães. Dentre as que estavam estudando, as que tinham filhos representavam uma minoria (2% do total). Menos estudos, menos oportunidades, mais desigualdades... Quem quer isso para sua filha?

Sabe aquele grupo de jovens que nem estuda, nem trabalha – que a mídia chama de "nem-nem"? Segundo um estudo do Instituto Ayrton Senna, em 2015, na faixa de 15 a 17 anos, 59% são meninas. Dessas meninas, 30% são mães. A conclusão foi que a gravidez na adolescência pode contribuir para que os jovens fiquem de bobeira em casa. Não exatamente de bobeira, porque quem é mãe sabe que um minuto livre é precioso.

INFORMAÇÃO NÃO ACELERA NADA

Não vivi isso, iniciei minha vida sexual tarde e só fui mãe aos 27 anos. O fato de ter crescido em meio a planilhas de ciclo menstrual, slides com síndromes genéticas e miniaturas do aparelho reprodutor feminino possivelmente me auxiliou a entender que, se eu não queria ser mãe cedo, tinha que me ligar. Meu pai era ginecologista e nas férias eu o ajudava no consultório. Era uma expert em mostrar como vestir avental e falar para as pacientes como seria feita a coleta do papanicolau.

Tive amigas que decidiram conscientemente ser mães por volta dos vinte anos. Umas engravidaram sem querer, outras começaram a comprar roupa de bebê antes mesmo de ter namorado. A decisão é de cada um, desde que as responsabilidades recaiam sobre quem tomou a decisão. *Yes, I'm talking about money, babe.* Outra pesquisa (é a última, eu prometo), de 2006, realizada pela Cebrap/Ministério da Saúde, mostra que 58% das jovens de 15 a 19 anos que eram mães declararam que não queriam ter engravidado naquele momento.

PREVENÇÃO DE ABUSOS: VIGILÂNCIA + CONVERSA

Outra situação extremamente espinhosa é a das mães que foram abusadas quando crianças e – naturalmente – têm medo excessivo de que seus filhos passem pela mesma situação. Sou solidária à dor dessas mães (e pais) e concordo que é nosso dever proteger nossos filhos. E só existe uma forma, dado que não podemos acompanhá-los ou escoltá-los o tempo todo: falando sobre o assunto, alertando que os abusadores geralmente são pessoas da família ou de círculos próximos das crianças e dos adolescentes e que, caso se sintam desconfortáveis em relação a alguém, saibam que podem confiar na mãe. Ah, desde pequeno, ensinar os nomes corretos dos órgãos sexuais para as crianças também lhes protege... Nada de florzinha, piupiuzinho, ok?

Toda vez que você se questionar se deve tentar ser melhor, orientar melhor, fale. Pesquise o assunto e puxe a conversa. Sempre corremos o risco de nos acharem idiotas, mas – acredite – em algum lugar de seus cérebros vão registrar o que falamos. E talvez até seguir exatamente nossas orientações. Exatamente como nós faríamos (agora que somos adultos ;p).

O FEMINISMO É A NOÇÃO RADICAL DE QUE AS MULHERES SÃO PESSOAS.

Marie Sheer

ISSO VAI LONGE

PARA E PENSA. OS AVANÇOS CIENTÍFICOS TÊM NOS DADO INDÍCIOS DE QUE VAMOS VIVER CADA VEZ MAIS. MEUS AVÓS MORRERAM NA CASA DOS 70. A GERAÇÃO DA MINHA MÃE DEVE IR A 80. NÓS, EU NÃO SABERIA DIZER. MAS, SE TUDO CORRER BEM, A GERAÇÃO DAS MINHAS FILHAS DEVE IR ATÉ OS CEM ANOS.

Quando se vive 100 anos, será que a adolescência de fato vai dos 15 aos 25? Será que este período não vai ser elástico a ponto de as pessoas se sentirem jovens com 40 ou 50 anos?

Se houver comida, se houver empregos, se houver paz, se houver condições de vida, se não houver grandes tragédias ambientais. Tudo é uma grande incerteza. Apesar de temer pelo futuro (e não consigo ser otimista), admito que evoluímos um bocado nos últimos séculos.

A imagem que eu fazia de uma mulher de 40 anos, quando era criança, era de uma senhora já curvadinha, cuidando dos netos e fazendo tricô. Absolutamente diferente do que sou hoje. Não só de mim, como da maioria das mulheres da minha geração.

Olho pra minha mãe no auge dos seus sessenta e penso que ela está ótima. Vejo frescor e juventude nela. Há quem fale inclusive sobre a geração *ageless*, de mulheres que não se enquadram em nenhum estereótipo de idade.

Se vamos todos ser jovens por mais tempo, que tal não apressar as coisas e deixar as crianças serem crianças o máximo de tempo possível?

EU QUERIA TER OUVIDO DA MINHA MÃE

Eu já tive 12 anos, todas nós já tivemos. E alguns conselhos eu realmente gostaria de ter ouvido da minha mãe lá atrás, nos anos 80/90. Hoje, observando os dramas e desafios da Anita – brigas com colegas, padrões estéticos vigentes de sobrancelhas e cobranças que começam a pesar em suas costas – elaborei esta singela lista com itens que aprendi vivendo, observando e, às vezes, até chorando um pouquinho.

12 DICAS PARA UMA MENINA DE 12 ANOS – QUE SERVEM PARA MULHERES DOS 8 AOS 80

AS MULHERES ESTÃO SEMPRE PEDINDO DESCULPAS. NUNCA PEÇA DESCULPAS POR NÃO ESTAR DEPILADA, NÃO SER PERFEITA, ESTAR DOENTE OU POR SUA CASA ESTAR UMA BAGUNÇA. NÃO VALE DE NADA E VOCÊ NÃO É OBRIGADA A AGRADAR O MUNDO.

NÃO DEIXE QUE NINGUÉM A SABOTE. VÁ LÁ E FAÇA AS SUAS COISAS. BRIGUE PELAS SUAS IDEIAS. SEJA TEIMOSA. ÀS VEZES NINGUÉM NOS APOIA OU ACREDITA NO QUE ESTAMOS FAZENDO, NO PROJETO QUE ESTÁ NA NOSSA CABEÇA.

NÃO GASTE SEU TEMPO PENSANDO SOBRE O QUE OS OUTROS ESTÃO PENSANDO OU FALANDO DE VOCÊ. MINHA AVÓ COSTUMAVA DIZER: MAS O QUE OS VIZINHOS VÃO PENSAR? ELA NASCEU EM 1910, HÁ MAIS DE CEM ANOS. OS TEMPOS MUDARAM E AS CONSCIÊNCIAS TAMBÉM. FELIZMENTE.

FALE SEMPRE A VERDADE. EXCETO QUANDO SUA SINCERIDADE EXCESSIVA FOR OFENDER ALGUÉM QUE SÓ PEDIU UMA OPINIÃO POR TE ADMIRAR.

NÃO DÊ CONSELHOS DEMAIS. CADA UM SABE O QUE É MELHOR PRA SI. QUEM PEDE MUITO A SUA OPINIÃO, QUER TE OCUPAR, TIRAR O SEU FOCO. NOTE QUE ESSAS PESSOAS NUNCA FAZEM O QUE LHES ACONSELHAMOS :/

QUANDO ESTIVER MUITO FRIO, PULE O BANHO. MAS CORTE SEMPRE AS UNHAS E LAVE BEM AS MÃOS PARA NÃO FICAR DOENTE.

SEJA GENTIL E ATENCIOSA COM AS PESSOAS, EM ESPECIAL COM QUEM ESTÁ NUMA SITUAÇÃO MENOS PRIVILEGIADA QUE A SUA.

LEIA. MUITO. O MAIOR NÚMERO DE LIVROS QUE PUDER.

CAMINHE, APRENDA A NADAR E A MEDITAR. ISSO PODE SER MUITO ÚTIL DURANTE A SUA VIDA.

SEJA AMIGA DE QUEM TE FAZ SENTIR BEM. SEJA APENAS COLEGA DE QUEM É FALSO CONTIGO. NÃO FALE MAL DE NINGUÉM. CRITIQUE E COMBATA IDEIAS, NÃO PESSOAS.

RESPEITE E TENTE APRENDER O MÁXIMO COM SEUS PROFESSORES, AVÓS, PAIS E AMIGOS DOS SEUS PAIS.

NÃO TIRE NUDES E MUITO MENOS DEIXE ALGUÉM TIRAR. SE OLHE NO ESPELHO, SE ADMIRE, DESFILE COM ROUPAS QUE GOSTA, SE AME, MAS NÃO TIRE NUDES.

POESIA (POSFÁCIO)
ÚLTIMA LIÇÃO

CIÚMES NÃO É AMOR

O crush ciumento
Não é nada teu
Te olha
Te monitora
Quer estar sempre perto
Sabe quem segue tuas redes
E quem você curtiu

O namorado ciumento
Controla o celular
Reclama da roupa
Regula os passeios
Proíbe os amigos
E até as amigas

O marido ciumento
Te tranca em casa
Não te deixa trabalhar
Sair com as amigas (que amigas... você nem tem mais)
Te enche de filhos
Alguns têm ciúmes até dos filhos
E das filhas
Para você fazer qualquer coisa, precisa calcular os detalhes
Pisar em ovos

O ex-marido ciumento
Não aceita o fim
É violento
Se sente privado da posse de algo que lhe pertencia: você
Ameaça
Persegue
Às vezes, mata.

Sua vida e sua liberdade são infinitamente melhores do que um relacionamento abusivo. Não caia nessa. Ciúme não é amor. É doença. É prepotência de controlar a vida e o desejo de outra pessoa. Ao menor sinal, caia fora ;)

TABELA DE ATIVIDADES DO ADOLESCENTE

ELES VÃO PEDIR DINHEIRO, QUE FAÇAM POR MERECER ;)

Escolha algumas e ensine o seu filho a ser responsável, ter autonomia e empatia

ARRUMAR A CAMA

 ORGANIZAR O ARMÁRIO

 LIMPAR SEU ESPAÇO

 TIRAR A MESA

 CUIDAR POR BREVES PERÍODOS DE IRMÃOS MAIS NOVOS

 COZINHAR

 CORTAR A GRAMA E CUIDAR DO JARDIM OU DAS PLANTAS

 DAR AULAS PARTICULARES PARA OS AMIGOS (PODE COBRAR BARATINHO)

 LAVAR SUAS PRÓPRIAS ROUPAS

 TIRAR OS LIXOS DA CASA

 GUARDAR AS ROUPAS DE TODOS

**COMPRE UM
·LIVRO·
doe um livro**

NOSSO PROPÓSITO É TRANSFORMAR A VIDA DAS PESSOAS ATRAVÉS DE HISTÓRIAS. EM 2015, NÓS CRIAMOS O PROGRAMA COMPRE 1 DOE 1. CADA VEZ QUE VOCÊ COMPRA UM LIVRO DA BELAS LETRAS VOCÊ ESTÁ AJUDANDO A MUDAR O BRASIL, DOANDO UM OUTRO LIVRO POR MEIO DA SUA COMPRA. TODOS OS MESES, LEVAMOS MINIBIBLIOTECAS PARA DIFERENTES REGIÕES DO PAÍS, COM OBRAS QUE CRIAMOS PARA DESENVOLVER NAS CRIANÇAS VALORES E HABILIDADES FUNDAMENTAIS PARA O FUTURO. QUEREMOS QUE ATÉ 2020 ESSES LIVROS CHEGUEM A TODOS OS 5.570 MUNICÍPIOS BRASILEIROS.

SE QUISER FAZER PARTE DESSA REDE, MANDE UM E-MAIL PARA
livrostransformam@belasletras.com.br

Este livro foi composto em Roboto e impresso em papel pólen 90g pela gráfica Pallotti em fevereiro de 2018.